Les ÉTOILES du FOOTBALL

LES **MEILLEURS JOUEURS** DE LA **PLANÈTE FOOT**

2E
6/24

RODOLPHE GAUDIN

Les ÉTOILES du FOOTBALL

LES **MEILLEURS JOUEURS**
DE LA **PLANÈTE FOOT**

LAROUSSE

SOMMAIRE

30

8

Plus500
RILLO
15
91

16

AVANT-PROPOS

Des jeunes et des moins jeunes, le football est plus riche que jamais de talents, et cette année encore, le choix n'a pas été facile pour nos étoiles du football. Lionel Messi et Cristiano Ronaldo sont toujours là, à courir après des trophées, et c'est tant mieux ! Je n'ai qu'un souhait : les voir jouer le plus longtemps possible. Il ne faut jamais s'habituer à l'extraordinaire, et trop souvent ces deux multiples vainqueurs du ballon d'or nous ont habitués au sublime.

Pour ce cru 2022, vous découvrirez des nouvelles histoires, des destins hors normes, et ces génies du football vous entraîneront dans leurs univers enchantés où le ballon rond a changé leur vie. Qu'ils puissent servir de modèles de réussite à tous les apprentis footballeurs. Croire en ses rêves et travailler au quotidien, la recette miracle n'existe pas mais les ingrédients du succès sont facilement identifiables. Nos champions parlent tous la même langue pour arriver au sommet. Aux quatre coins du monde, la fée du football sait se montrer généreuse avec ceux qui s'en donnent les moyens.

Le Bleu est à la mode dans cette nouvelle édition. Rien de plus normal, les Français performent sur tous les terrains européens. De Kylian Mbappé en Ligue 1 à Karim Benzema en Liga, en passant par Christopher Nkunku en Bundesliga, les Tricolores flambent sur toutes les pelouses d'Europe. Mention spéciale à Olivier Giroud, sacré en Série A et toujours partant pour faire taire ses détracteurs. Les Bleus au top, c'est de bon augure pour la Coupe du monde au Qatar. La France ira à Doha avec de hautes ambitions, tout simplement avec l'idée de se succéder à elle-même !

Une compétition que ne disputeront ni l'Ukraine ni la Russie. Écartée du Mondial qatari par la FIFA, la fédération russe a pris acte de cette décision et sera donc absente de la plus grande compétition de football après l'avoir organisé en 2018. L'Ukraine est passée, elle, à un match de l'exploit au Cardiff City Stadium. La Sbirna s'est offert une véritable finale après sa victoire en terre écossaise. Plus qu'un match de football, cette rencontre dans la capitale galloise ne donnait pas qu'un billet pour la Coupe du monde. C'était aussi une question de fierté nationale pour ces deux pays pour des raisons bien différentes. Finalement, c'est le Pays de Galles qui jouera la deuxième Coupe du monde de son histoire seulement après celle de 1958 !

Rodolphe GAUDIN

PRÉFACE

Je l'avoue humblement, je me suis trompé ! Au cœur du feuilleton Mbappé, dans mon quotidien espagnol sur l'île d'Ibiza, il ne se passait pas un jour sans que l'on m'interroge sur l'avenir de Kylian. Viendra ou viendra pas au Real Madrid ? Ma réponse a toujours été la même : « Oui, il va venir ! » J'étais persuadé qu'il rejoindrait la Casa Blanca pour se frotter à d'autres joueurs et franchir encore un palier. Finalement, il nous a dribblés en restant au PSG. Jouer à l'étranger, c'est à mes yeux un passage obligé dans une carrière, mais on doit respecter le choix final qu'il a fait.

Le Real Madrid sans Mbappé est sur le toit de l'Europe ! Quelle équipe et quels joueurs ! Je ne suis même pas bluffé par la saison de Karim Benzema. Le grand public semble le redécouvrir même si cela fait treize ans qu'il émerveille Santiago Bernabeu. Cela n'a pas toujours été simple pour lui là-bas mais à force de travail, il s'est imposé comme le capitaine du Real et un guide sur le terrain. Son mental et sa régularité au plus haut niveau m'impressionnent. Le ballon d'or lui tend les bras mais un collègue de vestiaire peut aussi y prétendre.

Le Belge Thibaut Courtois a lui aussi réalisé une saison exceptionnelle. On en parle moins du fait de son poste de gardien de but. Cependant, sans ses arrêts décisifs, jamais le Real n'aurait soulevé la coupe aux grandes oreilles. Le football est, et reste, un sport d'équipe. Du gardien à l'attaquant, c'est tout le collectif qui s'est offert un quatorzième trophée de la plus prestigieuse compétition européenne.

Que dire aussi de Modrić ! Je reste encore et toujours admiratif de son talent. Son somptueux extérieur pied droit contre Chelsea pour Rodrygo est une des images de l'année ! Sans ce coup de génie, le Real serait passé à la trappe. C'est certainement la plus belle passe décisive que j'ai pu voir récemment ! Un bijou décisif dans la conquête madrilène. C'est un vrai joueur d'équipe qui me fait vibrer. Et surtout, par pitié, ne me parlez pas de son âge !

Félicitations également à l'inoxydable Olivier Giroud pour son défi réussi au Milan AC. Ce n'est jamais simple de quitter un championnat et un club comme Chelsea. Certains diront qu'il n'a mis que 11 buts dans la saison, mais ô combien importants. Ses réalisations dans les grands rendez-vous font la différence dans la course au Scudetto. Un doublé dans le derby face à l'Inter, le but de la victoire sur la pelouse du Napoli, Giroud est un des artisans de la grandeur retrouvée de Milan.

Pour finir, mon coup de cœur est pour un petit Colombien du côté de Liverpool. Le dribbleur des Reds, Luis Díaz, m'a conquis ! Réussir à s'imposer en milieu de saison dans un nouveau championnat aussi rude que la Premier League, c'est impressionnant. En passant de Porto à Liverpool, Díaz a fait le grand saut avec succès. C'est parfait et digne des plus grands ! Une trajectoire inévitable pour notre Kylian national. Un jour ou l'autre, tous les grands clubs et le Real Madrid en tête, reviendront taper à sa porte. Et cette fois-ci, il me donnera raison.

Robert PIRÈS

LES ÉTOILES DU FOOTBALL

David ALABA

AUTRICHE

Aucun écart de conduite. Il n'y a qu'avec cette satanée balle en cuir que le petit David n'écoute pas. Lorsque papa George lui intime l'ordre de venir à table, le petit Alaba continue de dribbler ses camarades viennois. Sinon, à l'école et dans la vie quotidienne, le garçon est un modèle. Ses parents tiennent à ce que leur intégration soit une totale réussite.

Premier Noir à accomplir son service militaire dans l'armée autrichienne, George Alaba veut éduquer ses héritiers avec des principes de respect. Pour David, le paternel fait aussi des sacrifices. Quand il emmène cet enragé de football à l'entraînement de l'Aspern SV, il n'hésite pas, pendant que le bambin gambade, à s'octroyer une sieste dans sa vieille Ford Escort pour récupérer. À 13 ans, David quitte le nid familial pour la Stronach Akademie, le centre de formation de l'Austria Vienne. L'année suivante, alors qu'il est déjà titulaire en « Moins de 17 ans », il est repéré lors d'un match dans le Tyrol par le recruteur du Bayern, Werner Kern. Il débarque à Munich mais, pour le coup, l'intégration est délicate. Le gamin modeste a en horreur la puissance affichée par le grand club bavarois. « Ses joueurs arrivaient sur les tournois toujours habillés des plus jolis "survêts" et roulaient dans le plus beau car. Et, surtout, le Bayern repartait systématiquement avec le trophée ! »

Cette culture de la gagne, le jeune Alaba va l'apprendre au fil du temps. Dans son style d'essuie-glace increvable, il s'impose vite au poste de latéral gauche. Le « footballeur complet » – son surnom outre-Rhin – n'est pas encore majeur quand il débute dans l'équipe première, sous les ordres de Louis van Gaal. Sur son côté, pendant une décennie, l'Autrichien va s'éclater avec Franck Ribéry, placé devant lui, et les deux hommes deviennent par la force des choses complices, sur et en dehors du terrain. Au sein de cette terrible armada du Bayern, Alaba remporte une foultitude de titres prestigieux. À 17 ans, 3 mois et 20 jours, en octobre 2009, il devient le plus jeune international de l'histoire de l'Autriche, contre les Bleus au Stade de France (défaite 1-3). Et Alaba continue d'écrire son histoire ! Une Liga et une Ligue des champions pour une première saison au Real. C'est ce qu'on appelle réussir son arrivée !

LE SAVIEZ-VOUS ?

Quand on est originaire d'Autriche, impossible de ne pas être fanatique de ski. Au pays des rois de la glisse, David Alaba ne fait pas exception. Le latéral gauche a notamment sympathisé avec Marcel Hirscher, plusieurs fois champion du monde de descente. Et quand l'hiver déploie son manteau blanc sur les cimes tyroliennes, David Alaba se mue en spectateur attentif, notamment à Kitzbühel, le temple de l'épreuve reine.

SON C.V.

NÉ le 24 juin 1992 à Vienne (Autriche)
TAILLE : 1,80 m / **POSTE :** défenseur

PARCOURS PROFESSIONNEL : Bayern Munich, TSG Hoffenheim, Bayern Munich, Real Madrid

PALMARÈS : Ligue des champions (2022) ; championnat d'Espagne (2022) ; championnat d'Allemagne (2010, 2013, 2014, 2015, 2016, 2017, 2018, 2019, 2020, 2021) ; Coupe d'Allemagne (2010, 2013, 2014, 2016, 2019, 2020) ; Ligue des champions et Coupe du monde des clubs (2013, 2020)

Thiago ALCÂNTARA

ESPAGNE

Comme Obélix, Thiago Alcântara est tombé dedans quand il était petit. Lui, sa potion magique, c'est le ballon rond. Avec un papa champion du monde, en l'occurrence Mazinho, sacré en 1994 avec la Seleção, un frère également footballeur professionnel, Rafinha, le joueur du PSG, et un cousin, Rodrigo, du côté de Leeds, difficile d'échapper à son destin. Thiago Alcântara est né dans le sud de l'Italie, lorsque son père évoluait alors à l'US Lecce, mais c'est en Espagne, son pays d'adoption, qu'il grandit. Entretemps, le « garoto » fait quelques allers-retours au Brésil. D'ailleurs, il aiguisera sa technique à Flamengo, le grand club carioca, vers l'âge de dix ans. Mais comme le paternel joue maintenant au Celta Vigo, le jeune milieu de terrain ancre d'abord son style du côté de la Galice.

L'Espagne est si prégnante que ce « jugadorazo » accepte d'intégrer la prestigieuse école du FC Barcelone, la Masia, durant son adolescence. « Mon style, je ne le dois pas uniquement au Barça, aime à rappeler Thiago Alcântara. Il y a aussi des inspirations du Brésil dans mon rôle de pivot. Les Blaugrana te donnent la philosophie de jeu. Le reste, tu l'apprends sur le tas. » Après avoir grandi avec les cadets catalans, la jeune sentinelle à la rigueur tactique aiguë flirte avec les pros barcelonais. Chelsea tente déjà de l'enrôler, mais Pep Guardiola veille sur lui, puis Luis Enrique accélère son intégration en 2008 avec les pros. Thiago aurait pu choisir le Brésil ou l'Italie, mais opte pour la Roja espagnole.

En 2011, deux événements le bouleversent : Alcântara fête sa première cape contre l'Italie, du côté de Bari, dans sa région d'origine. À l'automne, il est titularisé sous le maillot du Barça en compagnie de son frère cadet, Rafinha. Après avoir tout raflé en Catalogne, il suit logiquement Pep Guardiola à l'intersaison 2013 au Bayern Munich. Son ascension en Bundesliga sera longtemps contrariée par une kyrielle de blessures, avant que finalement il ne s'impose. Copié-collé à Liverpool attendu, puisque la première saison de Thiago Alcântara chez les Reds s'est révélée délicate. La patience est aussi l'une des qualités de cet héritier aux dents longues.

LE SAVIEZ-VOUS ?

Le 20 septembre 2020 en Premier League, lors du déplacement de Liverpool à Chelsea, Thiago Alcântara bat un incroyable record : entré à la pause, le milieu de terrain réussit plus de passes (75 au total) que n'importe quel joueur sur l'ensemble du match ! Autre fait marquant : il en réalise plus que n'importe quel autre joueur ayant disputé 45 minutes au maximum lors d'une rencontre, depuis que la Premier League est analysée en 2003. Les Reds l'emporteront (2-0) à Stamford Bridge.

SON C.V.

NÉ le 11 avril 1991 à San Pietro Vernotico (Italie)

TAILLE : 1,75 m / **POSTE :** milieu de terrain

PARCOURS PROFESSIONNEL : FC Barcelone, Bayern Munich, Liverpool FC

PALMARÈS : Coupe d'Angleterre (2022) ; Coupe de la League (2022) ; Ligue des champions (2020) ; Coupe du monde des clubs (2009, 2011, 2013) ; championnat d'Allemagne (2014, 2015, 2016, 2017, 2018, 2019, 2020) ; Coupe d'Allemagne (2016, 2019, 2020) ; championnat d'Espagne (2009, 2010, 2011, 2013) ; Coupe d'Espagne (2012)

Trent ALEXANDER-ARNOLD

ANGLETERRE

Le sang qui coule dans les veines de Trent Alexander-Arnold est incontestablement un peu plus rouge que chez le commun des mortels. Car celui qui est actuellement considéré comme le meilleur latéral droit au monde est un Red depuis l'âge de 6 ans. Et, très vite, le jeune prodige est adoubé par la légende de Liverpool, Steven Gerrard. Dans sa biographie, la légende des Reds ne tarit pas d'éloges sur la nouvelle pépite du centre de formation : « Trent a une vraie chance de devenir un jour un professionnel de très haut niveau, il possède toutes les qualités pour ça. »

Le Scouser ne tarde pas à se montrer digne des espoirs de son illustre aîné. Celui qui tenait la main de Jamie Carragher lorsqu'il escortait les joueurs à leur entrée sur la pelouse d'Anfield fait ses débuts chez les pros quelques jours seulement après avoir soufflé ses 18 bougies, en octobre 2016, face à Tottenham. Et à l'image de sa pointe de vitesse phénoménale, tout va très vite pour le jeune Trent : pour son premier match de Ligue des champions face à Hoffenheim, en août 2017, il claque un splendide coup-franc. La saison suivante, il carbure avec « ses spéciales », les passes décisives : 12 au total, un record pour un défenseur en Premier League. Une performance qui lui permet d'intégrer le onze type de l'UEFA. Quelques mois plus tard, à tout juste 20 ans, il détrône l'Italien Christian Panucci et devient le plus jeune joueur de l'Histoire à disputer deux finales de Ligue des champions consécutives.

Des faits d'armes qui ont fait s'envoler la cote du golden boy des Reds, évaluée à 100 millions d'euros. Imperméable aux louanges, ce sprinter-marathonien, capable d'enchaîner les courses folles sur son flanc droit, garde la tête froide. À l'image de son numéro de maillot, le 66. « Nous n'aimons pas leur donner un petit nombre, au cas où ils penseraient qu'ils ont réussi tout de suite, explique Lee Radcliffe, coordinateur de la gestion des maillots du club. Pour Trent, nous avons choisi ce numéro parce qu'il venait juste de sortir de l'académie. » Un numéro que la star a choisi de conserver malgré son nouveau statut.

LE SAVIEZ-VOUS ?

En plus d'être un joueur intelligent, Trent Alexander-Arnold est passionné par les échecs. En cadeau pour son vingtième anniversaire, il rencontre la légende absolue des échiquiers, Magnus Carlsen. L'Anglais s'est même permis un petit duel face au Norvégien. Balayé en 17 coups et cinq petites minutes de jeu. Pour se consoler, il pourra toujours se dire qu'il a tenu plus longtemps que Bill Gates, éliminé en seulement 9 coups.

SON C.V.

NÉ le 7 octobre 1998 à Liverpool (Angleterre)
TAILLE : 1,80 m / **POSTE :** défenseur

PARCOURS PROFESSIONNEL : Liverpool FC

PALMARÈS : Coupe d'Angleterre (2022) ; Coupe de la League (2022) ; championnat d'Angleterre (2020) ; Ligue des champions (2019) ; Supercoupe UEFA (2019) ; Mondial des clubs (2019)

Dele ALLI

ANGLETERRE

Grandir dans une impasse où l'on brave l'interdiction de jouer au ballon résume-t-il le destin d'un homme ? Force est de constater que l'enfance de Bamidele Jermaine Alli ressemble fort à une métaphore prémonitoire. Dès le départ, rien ne fut simple pour le *kid* de Milton Keynes. Abandonnée par son compagnon d'origine nigériane, sa mère Denise peine à élever seule ses quatre enfants. Du Zola à la sauce Clash ou Sex Pistols. Le petit Dele traîne plus souvent dans la rue qu'il ne fréquente l'école du quartier de Bradwell. Adolescent, il s'encanaille même avec quelques caïds du coin à l'influence douteuse.

Et puis, il y a le foot. Alli signe sa première licence dans une formation locale, les City Colts. Le futur numéro 10 dégaine déjà des gestes incroyables. Repéré par le grand club local, Milton Keynes Dons (MKD), il y intègre le centre de formation. La famille Hickford accueille le gamin intrépide de 13 ans pour lui faciliter la vie en termes de déplacements. Maman Denise est soulagée. Son fils a peut-être un avenir.

Trois ans plus tard, il vit sa première séance d'entraînement avec le groupe pro des MKD. Dele Alli se permet un petit pont sur Darren Potter, un trentenaire irlandais brut de décoffrage. « On a dû expliquer au gamin que ça ne se faisait pas, se souvient, amusé, Dean Lewington, le capitaine de Milton Keynes. Mais, dès le début, il nous a bluffés par sa technique et son assurance. » Bien encadré, la forte tête ne rechigne pourtant pas à se plier aux règles collectives. Ramasser les plots ou nettoyer les chaussures des coéquipiers fait désormais partie de son quotidien de stagiaire.

En 2015, Alli est recruté par Tottenham. Dès ses débuts, lors d'un match amical contre le Real, il se permet – son péché mignon – un petit pont sur Luka Modrić. Malgré son talent, le jeune surdoué est rattrapé par une éducation bancale. Outre-Manche, un doigt d'honneur à l'encontre de l'arbitre français Clément Turpin, une vilaine semelle sur le Belge De Bruyne, sa manie de simuler des fautes et une lugubre affaire de sextape ont terni son image. Dele Alli doit maintenant chasser ses démons pour ne pas tout gâcher.

LE SAVIEZ-VOUS ?

Détecteur de talents, sir Alex Ferguson, l'ancien manager de Manchester United, n'a jamais eu à gérer Dele Alli. Cependant, l'ancien coach légendaire des Red Devils s'est fendu d'un bel hommage à l'encontre du jeune génie des Spurs en affirmant qu'il était « le meilleur milieu anglais depuis Paul Gascoigne ». Une comparaison d'autant moins insensée que le garçon est aussi imprévisible et fantasque que « Gazza » sur le rectangle vert.

SON C.V.

NÉ le 11 avril 1996 à Milton Keynes (Angleterre)
TAILLE : 1,88 m / **POSTE :** milieu de terrain

PARCOURS PROFESSIONNEL : Milton Keynes, Tottenham Hotspur, Everton FC

PALMARÈS : –

Pierre-Emerick AUBAMEYANG

GABON/FRANCE

Un événement en novembre 2016 résume parfaitement le caractère d'un Pierre-Emerick Aubameyang, spécialiste de l'ascenseur émotionnel. Sans prévenir son club d'alors, le Borussia Dortmund, l'attaquant franco-gabonais décide en catimini d'aller célébrer l'anniversaire d'un pote à Milan. Jet privé, lot de cadeaux et *tutti quanti*. Des photos du joueur, gâteau et bougies en main, circulent sur les réseaux sociaux. Les responsables allemands, le coach Thomas Tuchel en tête, n'apprécient guère l'échappée belle. Sanctionné, « PEA » assiste donc au match suivant en Ligue des champions, contre le Sporting, depuis les tribunes. Le week-end d'après, l'évadé repenti, pris la main dans le pot de confiture avant d'être réhabilité, claque un quadruplé en Bundesliga, lors d'un déplacement à Hambourg. C'est tout le paradoxe du garçon. L'exemple parfait d'un type attachant, au sourire permanent et qui ne cache pas pour autant son attirance pour le style bling-bling.

Malgré ce goût du luxe et son côté ambianceur, Aubameyang ne triche pas à l'entraînement. Jamais un entraîneur ne s'est plaint de son manque d'implication, appréciant l'investissement de ce pur sprinteur. Il éclate au plus haut niveau à l'AS Saint-Étienne et devient la coqueluche du peuple vert. Avec ce phénomène, les Foréziens gagnent même au Parc des Princes contre le PSG et remportent surtout une Coupe de la Ligue en 2013. Un titre qui échappait à l'ASSE depuis trente-deux ans !

Malgré une sélection en équipe de France Espoirs, Pierre-Emerick opte finalement pour le maillot gabonais. Il devient capitaine des Panthères pour suivre la voie tracée par son père. Son implication est toujours totale et, lors de la CAN 2012, le « Bolt » du ballon rond sort en pleurs après un tir au but manqué en quart de finale contre le Mali. Il se console par la suite, surtout après son transfert en 2018 à Arsenal, où il devient le plus cher joueur gabonais de l'histoire (63 millions d'euros). Au terme de la saison 2018-2019, avec deux autres Africains, Sadio Mané et Mohamed Salah, il termine meilleur buteur de Premier League, avec 22 réalisations. Grand artisan aussi du clinquant parcours des Gunners en Ligue Europa, « PEA » reste pourtant muet en finale contre Chelsea.

LE SAVIEZ-VOUS ?

C'est à la suite d'un étonnant quiproquo que Pierre-Emerick Aubameyang a signé son premier contrat pro à l'AC Milan en 2007. Alors que son père Pierre Aubame joue à la Triestina, il loupe un avion dans un aéroport italien et croise la route du directeur sportif des Rossoneri, qui le confond avec... George Weah ! Les deux hommes sympathisent et le dirigeant milanais accepte d'accueillir à Milanello le gamin footballeur. Le destin fera le reste.

SON C.V.

NÉ le 18 juin 1989 à Laval (France)
TAILLE : 1,87 m / **POSTE :** attaquant

PARCOURS PROFESSIONNEL : AC Milan, Dijon FCO, Lille OSC, AS Monaco, AS Saint-Étienne, Borussia Dortmund, Arsenal FC, FC Barcelone

PALMARÈS : Coupe d'Angleterre (2020) ; Coupe d'Allemagne (2017) ; Supercoupe d'Allemagne (2013, 2014) ; Coupe de la Ligue (2013)

Alisson BECKER

BRÉSIL

Il était la pièce manquante du puzzle. Le 26 mai 2018, à Kiev, Liverpool s'incline face au Real de Zidane en finale de la Ligue des champions sur le score de trois buts à un. Sur au moins deux des buts inscrits par les Merengue, le portier des Reds de l'époque, Loris Karius, est largement fautif. C'est devenu une priorité, Liverpool doit recruter ce qui se fait de mieux au monde à ce poste. Deux mois plus tard, le club anglais sort son chéquier et arrache le gardien Alisson Becker des bois de la Ville éternelle. Pour 75 millions d'euros, l'ancien gardien de la Roma devient le dernier rempart le plus cher de l'histoire.

À ce prix-là vous avez quoi ? Un gardien de but moderne, complet, mi-roc, mi-félin, toujours efficace. Pour sa première saison en Premier League, Alisson met tout le monde d'accord avec vingt matches sans encaisser de but, soit plus d'une rencontre sur deux avec un *clean sheet*. Mais s'il y a bien un domaine où Alisson impressionne, c'est sur sa ligne. Son mètre quatre-vingt-onze lui permet de se déployer dans les airs, mais sans être un manchot sur les ballons à ras de terre. Son envergure combinée à sa science du placement le rendent souvent écœurant pour les attaquants adverses. De loin comme de près, il est capable de réflexes hors norme.

Parlez-en à Lionel Messi et au Barça ! En l'espace de treize mois, le club catalan essuie deux terribles *remontadas* en Ligue des champions. Deux soirées cauchemardesques qui ont un point commun : Alisson Becker. À chaque fois, au match retour, il est un mur infranchissable aussi bien au Stadio Olimpico qu'à Anfield. Très sûr dans les moments chauds, il contribue grandement aux exploits de la Roma et de Liverpool. À deux occasions consécutives, il met fin au rêve du numéro 10 argentin d'un succès dans une cinquième Ligue des champions. Le gardien titulaire de la Seleção justifie son prix en finale de la plus importante compétition européenne. Dans le dernier quart d'heure, il sort deux énormes parades face à Tottenham et préserve l'avance de Liverpool. À Madrid, le 1er juin 2019, c'est « Alisson au pays des merveilles » : Liverpool remporte sa sixième coupe aux grandes oreilles.

LE SAVIEZ-VOUS ?

Les discussions autour du prix du transfert ont été intenses entre la Roma et Liverpool, et tout le monde en a entendu parler. Suffisant pour que sa presque homonyme Alison Becker s'en amuse sur les réseaux sociaux : « Très excitée d'annoncer que je vais rejoindre Liverpool en tant que gardien de but », twitte l'actrice américaine. Le lendemain, Liverpool confirmera la signature de sa nouvelle recrue.

SON C.V.

NÉ le 2 octobre 1992 à Novo Hamburgo (Brésil)
TAILLE : 1,91 m / **POSTE :** gardien de but

PARCOURS PROFESSIONNEL : SC International, AS Rome, Liverpool FC

PALMARÈS : Coupe d'Angleterre (2022) ; Coupe de la League (2022) ; championnat d'Angleterre (2020) ; Ligue des champions (2019) ; Coupe du monde des clubs (2019)

Karim BENZEMA

FRANCE

Quand il débarque au Real Madrid à l'été 2009, alors qu'il n'a pas encore fêté ses 22 ans, Karim Benzema entre dans une autre dimension. Dans la bulle lyonnaise, le jeune attaquant fait forcément figure de star avant l'heure. Une fois dans l'effectif merengue, changement de décor : c'est un petit jeune au milieu d'une pléthore de cadors. Personne n'imagine alors que, durant une décennie, « KB9 » va creuser son sillon et devenir une légende chez les Galactiques. Durer aussi longtemps dans un tel club, c'est un gage d'adaptabilité à toute épreuve et de capacité à rebondir à chaque instant.

Sur plusieurs saisons, l'apogée de cette réussite personnelle se situe évidemment autour de son entente avec Cristiano Ronaldo. Le Portugais a fait la pluie et le beau temps au Real, l'enfant de Bron fut son coéquipier modèle au cours de ces saisons en or où ils conquirent ensemble quatre Ligues des champions. Au départ, « CR7 » prenait plaisir à partir de loin, la plupart du temps sur le flanc gauche, laissant la pointe de l'attaque au Français. Et puis, avec le temps, le Portugais a replié ses ailes, s'installant au sommet de la pyramide, laissant le soin à Benzema d'assurer le soutien et de s'éloigner du point de penalty. Joueur altruiste, l'ex-Lyonnais ne s'en est jamais offusqué. « Mais arrêtez de dire que je me sacrifie pour Cristiano, c'est n'importe quoi ! clame alors haut et fort un Benzema passionné, pas sacrifié. J'aime jouer, j'aime le football, ce n'est pas compliqué à comprendre. »

Jusqu'en mars 2016, Didier Deschamps défendra aussi son buteur contre vents et marées. Beaucoup doutent des capacités de Karim Benzema d'être présent dans les grands rendez-vous. Sûr de son coup, le sélectionneur rappelle : « Tous les pays nous l'envient. » Mais la pathétique séquence de la sextape impliquant le joueur dans l'affaire Valbuena refroidit les ardeurs du patron des Bleus. Jusqu'à l'Euro 2020 où il est finalement appelé pour rejoindre les rangs de l'équipe de France. Tous les espoirs sont permis… Même celui d'un ballon d'or pour couronner une saison 2022 où le capitaine du Real s'est brillamment illustré !

LE SAVIEZ-VOUS ?

Mieux que Thierry Henry ! Lors de la saison 2018-2019, Karim Benzema est devenu le meilleur buteur français en Ligue des champions, en atteignant la barre symbolique des 60 buts dans la prestigieuse épreuve. Au bilan général, l'attaquant du Real Madrid n'avait plus que trois joueurs devant lui : Cristiano Ronaldo (121 buts), Lionel Messi (106) et Raul (71). En décembre 2005, le natif de Bron avait marqué son tout premier but en C1 lors d'un Lyon-Rosenborg (2-1) disputé à Gerland.

SON C.V.

NÉ le 19 décembre 1987 à Bron (France)
TAILLE : 1,85 m / **POSTE :** attaquant

PARCOURS PROFESSIONNEL : Olympique Lyonnais, Real Madrid

PALMARÈS : Ligue des champions (2022) ; Ligue des nations (2021) ; Supercoupe d'Espagne (2012, 2017, 2019, 2020) ; championnat d'Espagne (2012, 2017, 2020, 2022) ; Ligue des champions et Coupe du monde des clubs (2014, 2016, 2017, 2018) ; Supercoupe d'Europe (2014, 2016, 2017) ; Coupe d'Espagne (2011, 2014) ; championnat de France (2005, 2006, 2007, 2008) ; Coupe de France (2008)

Leonardo BONUCCI

ITALIE

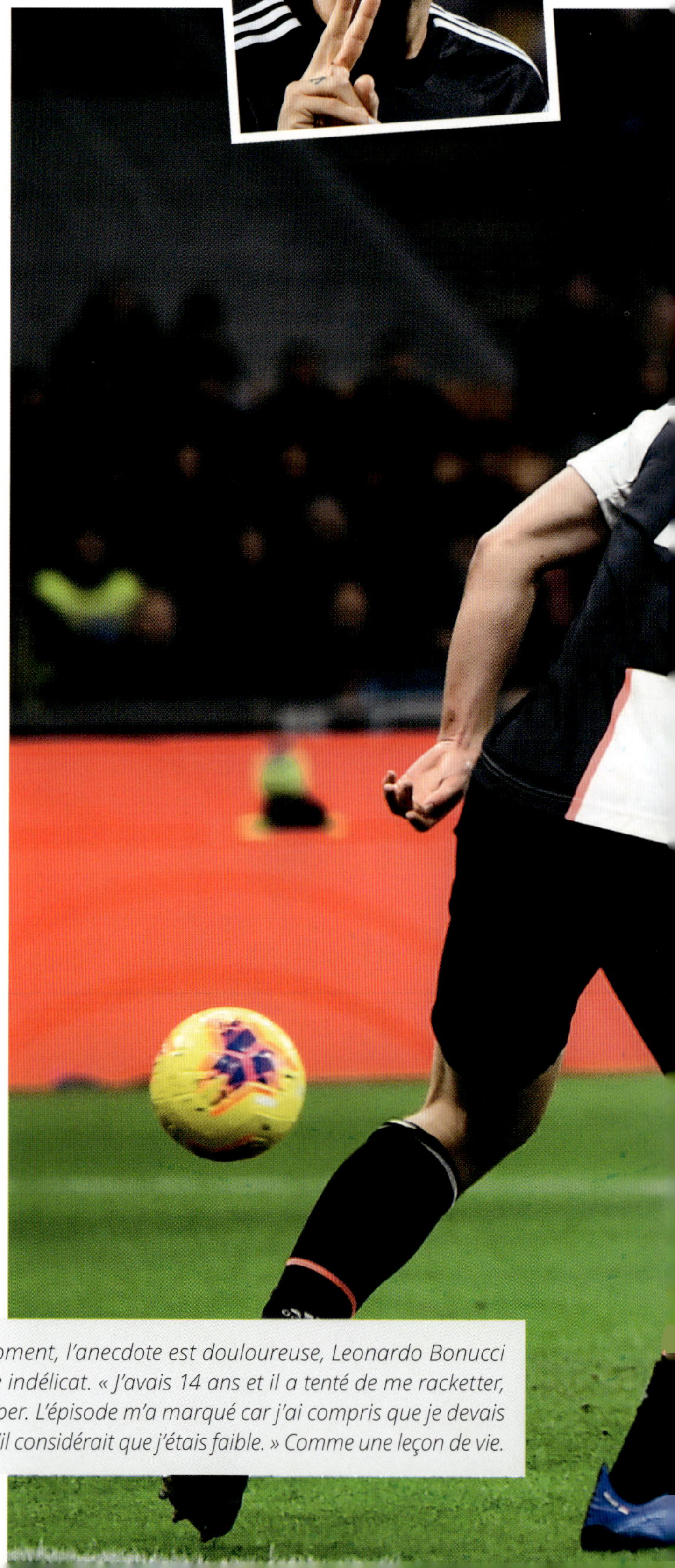

Pour rester au chevet de son fils malade, « Leo » a failli tout abandonner. Mettre sa vie et sa passion pour le football entre parenthèses. Atteint d'une infection aiguë en 2016, le petit Matteo a été sauvé par le corps médical et son champion de papa a repris sa carrière avec encore plus de motivation qu'auparavant. Souvent sujet en pleine rencontre à des sautes de concentration qui lui valaient des sobriquets guère à son avantage, du style « Monsieur une boulette par match », Leonardo Bonucci a gagné en maturité, devenant l'un des meilleurs défenseurs de la planète.

Pourtant, dans sa jeunesse, le gamin originaire du Latium, la région de Rome, était plutôt milieu de terrain. C'est dans son club fétiche de l'AS Viterbese qu'il recule d'un cran et s'impose en défense centrale. L'Inter Milan mise sur son sens de l'anticipation, son excellent jeu de tête, sa détermination dans les duels et sa formidable capacité à relancer proprement, grâce à une technique balle au pied au-dessus de la moyenne. Pour s'aguerrir, « Bonny » va toutefois répéter ses gammes en Serie B, du côté de Trévise, Pise puis Bari.

En 2010, lorsqu'il est recruté par la Juventus, sa carrière décolle. Avec Andrea Barzagli et Giorgio Chiellini, il forme l'autre « BBC », beaucoup plus défensive que celle du Real Madrid, mais qui donne des sueurs froides à tous les attaquants de la péninsule transalpine et même du continent. En sélection, avec seulement une vingtaine de prestations en Serie A, il fête sa première cape en février 2010, lors d'un match amical au stade Louis-II de Monaco contre le Cameroun (0-0). Huit ans plus tard, le jour de sa 78e sélection, il devient le capitaine de la Nazionale. Preuve du caractère du joueur : après une brouille avec son entraîneur Massimiliano Allegri, il change de crémerie lors de la saison 2017-2018, pour se retrouver chez l'ennemi milanais. Un mariage contre-nature qui ne dure que dix mois. Leonardo Bonucci revient aussi sec à la Juventus et, en raison de la longue absence du taulier Chiellini, blessé au genou, il prend une nouvelle dimension, devenant le patron des Bianconeri.

LE SAVIEZ-VOUS ?

Idéal pour forger un caractère ! Même si, sur le moment, l'anecdote est douloureuse, Leonardo Bonucci ayant subi, adolescent, les menaces d'un camarade indélicat. « J'avais 14 ans et il a tenté de me racketter, se souvient le défenseur italien. J'ai réussi à m'échapper. L'épisode m'a marqué car j'ai compris que je devais grandir. Si ce garçon s'en est pris à moi, c'est parce qu'il considérait que j'étais faible. » Comme une leçon de vie.

SON C.V.

NÉ le 1er mai 1987 à Viterbe (Italie)
TAILLE : 1,90 m / **POSTE :** défenseur

PARCOURS PROFESSIONNEL : Inter Milan, Trévise FBC, Pise Calcio, AS Bari, Juventus FC, AC Milan, Juventus

PALMARÈS : Euro (2020) ; championnat d'Italie (2006, 2012, 2013, 2014, 2015, 2016, 2017, 2019, 2020) ; Coupe d'Italie (2006, 2015, 2016, 2017, 2021) ; Supercoupe d'Italie (2006, 2015, 2016, 2017)

JUVENTUS

Eduardo CAMAVINGA

FRANCE

À peine un pied en Ligue 1 et déjà annoncé au Real Madrid. C'est écrit, la météorite Camavinga ne va pas s'attarder longtemps dans notre championnat. Depuis sa première apparition avec le Stade Rennais en avril 2019, Eduardo Camavinga émerveille son monde. À une époque où les records de précocité sont tous avalés par Kylian Mbappé, il va probablement falloir faire un peu de place à celui qui a obtenu sa naturalisation française peu avant Noël 2019. Natif du Cabinda, en Angola, le voilà plus que jamais dans la ligne de mire des Bleus.

Eduardo semble n'avoir aucune limite, sa maturité et son calme sont étonnants à cet âge. Couvée en Bretagne, la pépite n'est pas dépaysée quand elle débarque en équipe première. Camavinga connaît le staff depuis plusieurs années. Il retrouve l'entraîneur Julien Stéphan, qui l'a lancé à 15 ans, et son adjoint Mathieu Le Scornet, qui l'a repéré au tournoi de Ploumagoar cinq ans plus tôt. Le trio est en confiance et reconstitué. Du gagnant-gagnant. À 17 ans et 35 jours, Camavinga devient le plus jeune joueur à marquer avec Rennes dans l'élite depuis l'après-guerre sur la pelouse de l'Olympique Lyonnais. Compteur ouvert et but de la victoire : le compte est bon ! Sa réalisation exceptionnelle en toute fin de match démontre toute l'étendue des possibilités du gamin. Défenseurs enrhumés dans la surface surpeuplée, frappe du droit pleine de sang-froid pour tromper le gardien, au revoir et merci, signé Camavinga. Bluffant et énervant quand on joue dans le camp adverse.

Mais la grande force de Camavinga, c'est sûrement de réussir à surprendre encore les gens qui le côtoient depuis longtemps. De ses années à l'AGL Drapeau-Fougères à sa formation au Stade Rennais, tous ses éducateurs louent son talent et sa faculté à s'adapter au haut niveau. La question n'est plus de savoir s'il fait déjà partie des talents précoces comme Yoann Gourcuff ou Ousmane Dembélé, qui ont marqué l'histoire du club. La réponse est oui. Le Real Madrid finit par décrocher la timbale, l'assurance pour Camavinga de remplir l'armoire à trophées.

LE SAVIEZ-VOUS ?

L'attaquant et capitaine du Stade Rennais M'Baye Niang se rappelle encore les premiers pas de son jeune coéquipier en équipe première et sa grosse force de caractère. « Pour son premier entraînement, je l'ai vu tacler Hatem Ben Arfa... J'ai cru à cet instant qu'il allait retourner avec les U16 après ça. » Finalement, Camavinga s'est imposé, et c'est Ben Arfa qui a quitté le club breton.

SON C.V.

NÉ le 10 novembre 2002 à Miconje (Angola)
TAILLE : 1,82 m / **POSTE :** milieu de terrain

PARCOURS PROFESSIONNEL : Stade Rennais, Real Madrid

PALMARÈS : Ligue des champions (2022) ; championnat d'Espagne (2022) ; Coupe de France (2019)

Federico CHIESA

ITALIE

Archétype parfait de l'attaquant du XXIe siècle, le jeune Transalpin est le roi de l'appel à bon escient. Capable de se trimbaler sur tout le front de l'attaque, il a aussi des allures de neuf et demi. « Techniquement, sur le flanc gauche, je peux repiquer vers l'axe, tandis qu'à droite, je cherche à longer la ligne de touche, avant de délivrer une passe décisive », insiste cet enfant de la balle. Bon dribbleur, excellent sur coups de pied arrêtés et doté d'un excellent regard périphérique (on lui a longtemps reproché de jouer tête baissée), « Pepo » sait rectifier le tir.

Dans le sang, le natif de Gênes a des gènes de champion. Son père, Enrico, fut international avec les Nerazzurri de 1996 à 2001. Et s'il est né en Ligurie, le petit Federico a cependant fait ses premiers pas en Toscane, du côté de Florence, lorsque papa claquait but sur but sous le maillot de la Viola. C'est d'ailleurs à la Fiorentina que le bambino a fait la majorité de ses classes. Bon élève, « Fede » Chiesa possède une excellente culture. Parallèlement au ballon rond, il fait des études supérieures à l'université florentine.

Avant de brûler les étapes, il est juste de rappeler que Chiesa Junior a débuté avec la primavera de la Fiorentina en août 2016, lancé dans les bouillonnants duels de la Serie A par Paulo Sousa. Malgré quelques sautes d'humeur, il s'entend à la perfection avec l'attaquant croate Nikola Kalinić et le meneur Federico Bernardeschi. Quelques mois plus tard, les précieux conseils de Franck Ribéry à l'entraînement l'aideront également. Roberto Mancini lui offre sa première cape en mars 2018 contre l'Argentine (défaite 0-2) et, sensible au talent de la nouvelle génération, le sélectionneur transalpin en fait l'un de ses jokers de luxe. En octobre 2020, son départ à la Juventus lève autant d'espoirs que de doutes. Les dirigeants turinois ont misé plus de 50 millions d'euros et, dans la Péninsule, certains trouvent l'investissement démesuré. Mais le râleur perfectionniste fera rapidement taire tous les sceptiques de tout poil, d'autant qu'il s'est désormais acheté une conduite irréprochable.

LE SAVIEZ-VOUS ?

À vingt-deux ans d'intervalle, Gianluigi Buffon, le légendaire gardien italien, a remporté la Coupe d'Italie avec le père, puis avec le fils ! En 1999, sous le maillot de Parme, « Gigi » conquiert le trophée transalpin au côté d'Enrico Chiesa contre la Fiorentina (1-1, puis 2-2). En 2021, avec la Juventus, l'ancien champion du monde 2006 a conquis le Graal, en montant sur la plus haute marche du podium, à proximité de Federico Chiesa, après être venu à bout de l'Atalanta (2-1).

SON C.V.

NÉ le 25 octobre 1997 à Gênes
TAILLE : 1,75 m / **POSTE :** attaquant

PARCOURS PROFESSIONNEL : AC Fiorentina, Juventus

PALMARÈS : Coupe d'Italie (2021) ; Euro (2020)

JUVENTUS

Kingsley COMAN

FRANCE

Ne lui faites pas dire ce qu'il ne pense pas, mais le départ des deux « vétérans » Arjen Robben et Franck Ribéry du Bayern lui a libéré de l'espace. Certes, la concurrence n'a jamais fait peur à Kingsley Coman, mais le Parisien a souvent dû repartir de zéro pour se faufiler dans un effectif bien en place. La faute à une kyrielle de blessures qui ont freiné sa jeune carrière, alors que le garçon possède faculté et instinct pour briller. Son évolution ressemble aux montagnes russes. Malgré son caractère réservé, ses coéquipiers dans le vestiaire apprécient le Français, à l'image de David Alaba : « "King" a le potentiel pour rapidement devenir un joueur de classe mondiale. J'ai rarement vu un gars aussi rapide balle au pied. » Son style, tout en puissance et en vélocité, ponctué de feintes fulgurantes, est un régal pour les yeux.

Depuis son arrivée en Bavière en 2015, après la découverte du football à l'étranger dès ses 18 ans du côté de la Juventus, Kingsley Coman a croisé cinq entraîneurs de renom. Si les premiers temps avec Carlo Ancelotti ne furent pas des plus aisés – tactique oblige ! –, le Guadeloupéen d'origine a retrouvé un certain rayonnement sur le flanc gauche après le passage sur le banc bavarois de Pep Guardiola, puis surtout du charismatique Jupp Heynckes. L'expérimenté et influent technicien allemand le place sur de bons rails : « J'ai notamment dit à Kingsley de lever la tête avant de centrer et de, parfois, mieux gérer ses efforts. »

Prêté au départ au Bayern, le Francilien est soulagé lorsque les dirigeants des Roten lèvent l'option d'achat deux saisons plus tard. Il peut alors tranquillement s'installer dans la maison familiale à Starnberg, en bord de lac. Kingsley Coman, qui veut s'inscrire dans la durée dans ce club, géant allemand avec lequel il a déjà décroché six titres en Bundesliga, maîtrise de mieux en mieux la langue de Goethe. Confronté à des pépins physiques à répétition, le Francilien cherche désormais la régularité : la seule chose à faire pour revenir, c'est de travailler et de se focaliser sur soi. Les coups durs permettent d'acquérir la maturité nécessaire pour se relever, Coman l'a bien mesuré.

LE SAVIEZ-VOUS ?

Fruit du centre de formation du PSG, Kingsley Coman a pourtant failli ne jamais rejoindre le Camp des Loges. Il faut dire qu'à l'époque, le môme de 9 ans habite avec ses parents à plus de soixante kilomètres de là, à Moissy-Cramayel, dans le sud de la Seine-et-Marne. Trop loin ! Éducateur à l'école parisienne, Yves Gergaud, malgré le scepticisme de ses dirigeants, finit par les convaincre que le surdoué peut faire merveille. Et, même s'il ne peut pas assister à tous les entraînements, « King » est titularisé chaque week-end. C'est dire si le jeune Kingsley illumine le jeu.

SON C.V.

NÉ le 13 juin 1996 à Paris (France)
TAILLE : 1,78 m / **POSTE :** attaquant

PARCOURS PROFESSIONNEL : Paris SG, Juventus FC, Bayern Munich

PALMARÈS : championnat d'Allemagne (2016, 2017, 2018, 2019, 2020, 2021, 2022) ; Ligue des nations (2021) ; Ligue des champions et Coupe du monde des clubs (2020) ; Coupe d'Allemagne (2016, 2019, 2020) ; Supercoupe d'Allemagne (2016, 2017, 2018) ; championnat d'Italie (2015, 2016) ; Coupe et Supercoupe d'Italie (2015) ; championnat de France (2013, 2014)

Thibaut COURTOIS

BELGIQUE

On peut terminer meilleur gardien de la Coupe du monde, selon la FIFA, et boucler la compétition en ayant le « seum ». Dire que Thibaut Courtois a eu du mal à digérer l'élimination contre les Bleus en demi-finale (0-1) est un euphémisme. Son amertume fera le tour des réseaux sociaux. Dès l'échec consommé à Saint-Pétersbourg, le Limbourgeois se lâche d'abord dans les médias de son pays : « C'était un match frustrant. La France n'a pas joué. Elle n'a fait que défendre avec onze joueurs derrière. » D'autant plus rageant que c'est un défenseur, en l'occurrence Samuel Umtiti, qui plus est sur coup de pied arrêté, qui est venu mettre fin au rêve belge.

Le géant flamand ne s'attend pas alors à la fronde qui s'ensuit. On en oublierait presque que le portier de Brée a réagi à chaud, sous le coup de la déception. D'ailleurs, la veille de la finale France-Croatie, Thibaut Courtois corrige le tir de façon diplomatique : « Je suis désolé si je me suis exprimé un peu fort. Chez les Bleus, je connais Griezmann, Kanté… Je leur souhaite la victoire. »

En se retournant, le numéro un d'outre-Quiévrain s'est aussi rendu compte que sa Belgique avait joué le même tour au Brésil lors d'un mémorable exploit. Lui fut exceptionnel lors de ce quart de finale contre la Seleção, réalisant pas moins de neuf arrêts, dont le dernier époustouflant dans le temps additionnel, d'une claquette sur une frappe enroulée de Neymar. Idéal pour écœurer les adversaires. Malgré la tactique défensive des Diables rouges, aucun Brésilien n'a d'ailleurs déploré l'abnégation belge d'évoluer uniquement en contre. Sur sa ligne, Thibaut Courtois a fait admirer, comme souvent, son envergure et sa prise de balle sûre, tout comme ses anticipations et, malgré son doublé mètre, ses projections au sol.

Et puis, le gardien belge s'est aussi souvenu que sous les ordres de Diego Simeone à l'Atlético ou d'Antonio Conte à Chelsea, les formations dont il a défendu la cage ne s'ouvraient guère au jeu. Aujourd'hui, même au Real, le rempart du Limbourg n'a rien perdu de ses déclarations choc dès qu'il faut monter au filet.

LE SAVIEZ-VOUS ?

Du rififi au pays de Tintin ! Après avoir quitté son poste de sélectionneur, Marc Wilmots s'en est pris à la famille Courtois, accusant le père, Thierry, d'avoir dévoilé à la presse certains de ses onze de départ. « J'ai juste un problème quand je fais ma mise en place à 18 heures et qu'à 18 h 15, elle est rendue publique. Ça veut dire qu'un joueur a "vendu" la sélection. J'ai appris que c'était le papa de Thibaut qui le faisait. » Courtois père et fils ont décidé de porter plainte pour diffamation.

SON C.V.

NÉ le 11 mai 1992 à Brée (Belgique)
TAILLE : 1,99 m / **POSTE :** gardien de but

PARCOURS PROFESSIONNEL : KRC Genk, Atlético de Madrid, Chelsea FC, Real Madrid

PALMARÈS : Ligue des champions (2022) ; Supercoupe d'Espagne (2020) ; championnat d'Espagne (2014, 2020, 2022) ; Coupe du monde des clubs (2018) ; Ligue Europa (2012, 2018) ; Coupe d'Angleterre (2018) ; championnat d'Angleterre (2015, 2017) ; Coupe d'Espagne (2013) ; championnat de Belgique (2011)

Juan CUADRADO

COLOMBIE

Lorsque les coups de feu ont retenti, le petit Juan Guillermo, alors âgé de 4 ans, s'est caché sous son lit. Exactement comme ses parents lui avaient demandé de le faire en pareille situation. C'est arrivé un jour de l'année 1992, à Necoclí, une bourgade au nord de Medellín où l'écho des balles est le bruit ambiant. Juan Cuadrado vient de perdre son père, abattu par des guerilleros ! Il ne peut plus compter que sur sa mère, qui travaille dans une plantation de bananes pour assurer l'éducation de son fils aîné, qui ne vit que par et pour le ballon. Il faut aussi payer les 8 000 pesos mensuels de l'école de football. Un sacrifice. Mais elle veut arracher le petit Juan à une vie de misère et de violence. Elle en est persuadée : le football, c'est sa chance, sa porte de sortie. « Déjà, dans mon ventre, il donnait des coups de pied très forts. Et pour lui apprendre à marcher, il a fallu mettre une balle devant lui. »

Une gueule d'enfant enjoué, des tresses bizarrement plantées sur son crâne, le frêle ailier ne laisse pas indifférent en Colombie. Jugé brillant mais trop maigre, Cuadrado peine à convaincre les recruteurs et ne débute qu'à 20 ans, à l'Independiente Medellín. Changements de direction incessants, accélérations foudroyantes, passements de jambes, il fait tout à l'instinct et donne l'impression d'improviser le foot à chaque toucher de balle.

Et sa réputation commence à arriver aux oreilles des clubs européens. Fan de Manchester United, c'est en Italie qu'il trouve un point de chute, accompagné de sa mère. Acheté par Udinese en 2009, il ne s'adapte pas au climat transalpin et aux contraintes tactiques du foot européen. Les contre-performances s'enchaînent. Mais prêté à Lecce, il reprend des couleurs. Transféré à la Fiorentina l'année suivante, il se révèle l'un des meilleurs joueurs du Calcio et une pièce maîtresse de la sélection colombienne. Longtemps critiqué pour n'être pas assez décisif, « Vespa », comme on le surnomme en Italie pour sa vitesse, est maintenant un Bianconero, compère d'attaque de sa majesté Cristiano Ronaldo.

LE SAVIEZ-VOUS ?

Cuadrado a aussi la classe en dehors du terrain ! La preuve : il a offert son numéro de maillot à Cristiano Ronaldo. Le Portugais, transféré du Real Madrid à la Juventus Turin, est un grand adepte du numéro 7 depuis le début de sa carrière et il entend bien le porter dans son nouveau club. Il n'aura même pas à le demander. Son nouveau coéquipier colombien, le porteur de ce numéro chez la Vieille Dame, le lui cédera en signe de bienvenue.

SON C.V.

NÉ le 26 mai 1988 à Necoclí (Colombie)
TAILLE : 1,76 m / **POSTE :** milieu de terrain

PARCOURS PROFESSIONNEL : Independiente Medellín, Udinese, Lecce, Fiorentina, Chelsea, Juventus

PALMARÈS : championnat d'Italie (2016, 2017, 2018, 2019, 2020) ; Supercoupe d'Italie (2019) ; Coupe d'Italie (2016, 2017, 2018, 2021) ; championnat d'Angleterre (2015) ; Coupe de la League (2015)

JUVENTUS

Kevin DE BRUYNE

BELGIQUE

C'est un casse-tête pour un entraîneur que ce Belge capable de jouer à tous les postes devant une défense et au-delà. Mais aucun technicien n'a eu à se plaindre (hormis José Mourinho) de bénéficier d'une telle pépite. Longtemps sous-estimé, Kevin De Bruyne est pourtant un formidable accélérateur de jeu. Reste à savoir où l'utiliser sur le pré. « J'adore quand il évolue en faux numéro 10, lance Éric Gerets, l'ancien entraîneur belge de l'OM. Il est à la fois capable de marquer et de distribuer des passes décisives. »

Même chez les Diables rouges, tout ne fut pas simple non plus. Lors de l'Euro 2016, le Flamand et le Wallon Eden Hazard se marchent sur les pieds dans le cœur du jeu, et la Belgique se loupe. Un comble quand on possède de tels talents. « On aime jouer ensemble, même si certains pensent que ce n'est pas possible, s'offusque Eden Hazard. Je suis persuadé que nous sommes complémentaires. Je suis plus un joueur de percussion, Kevin est capable de créer des brèches, de frapper de loin. »

Le résultat sera plus probant lors de la Coupe du monde en Russie, avec une sélection belge installée sur la troisième marche du podium. « Est-ce qu'on va me parler de ma position en sélection jusqu'à la fin de ma carrière ? s'agace le sosie du prince Harry. Je joue là où le coach me le demande, pour le bien de l'équipe. Ce n'est pas une question de liberté, mais d'espace ! »

Depuis son apogée à Manchester City, les données sont mieux définies avec Pep Guardiola. Grâce à sa capacité à occuper toutes les positions du milieu et de l'attaque dans un même match, « KDB » est un peu le prolongement du cerveau du magicien catalan. « Kevin est l'un des meilleurs joueurs que j'ai jamais vus, parce qu'il sait tout faire, absolument tout, insiste un Pep Guardiola sous le charme. C'est un gars stable, qui adore le jeu et vit pour lui. Il est tellement intelligent ! Il comprend tout, tout de suite. Il va vite et voit l'espace, mieux que quiconque. » Avec sa faculté unique pour casser les lignes et distiller des passes décisives, la force de percussion de Kevin De Bruyne, c'est du caviar.

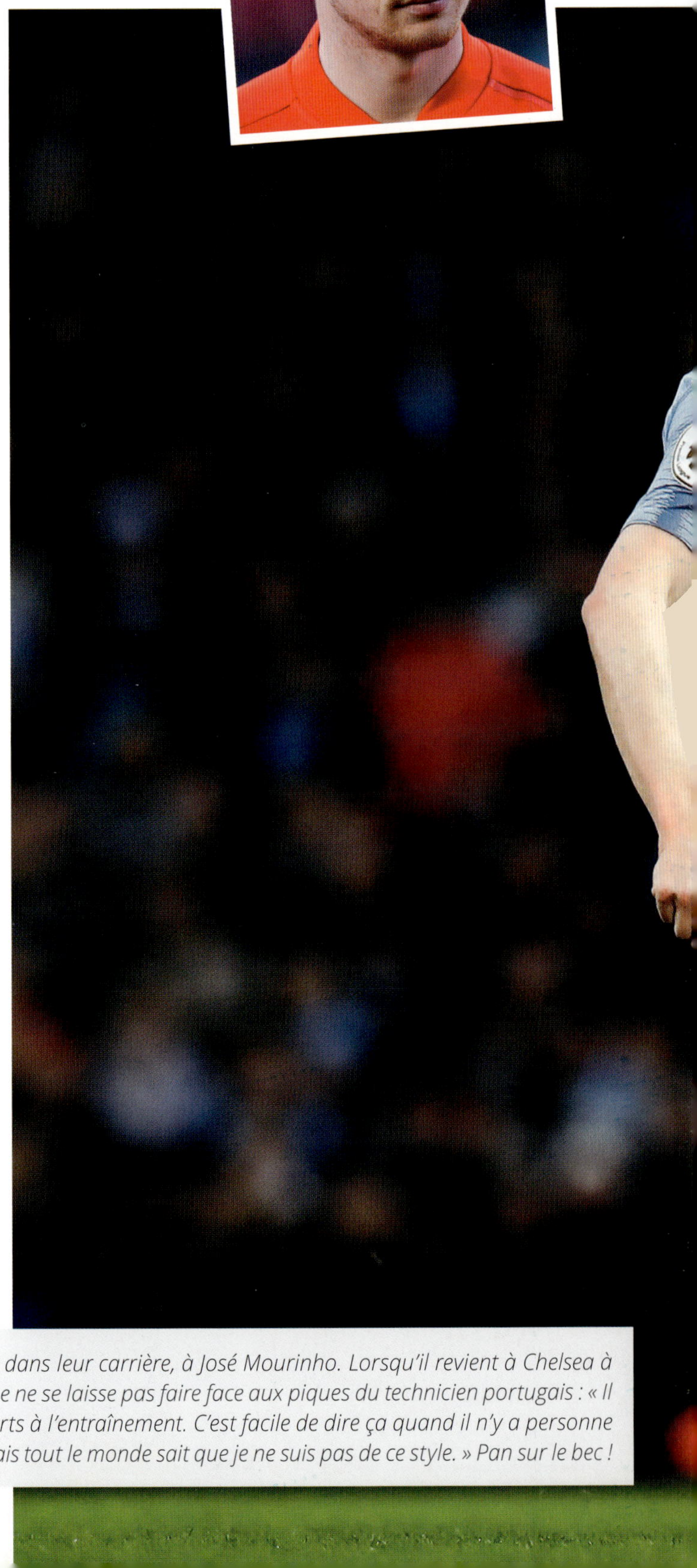

LE SAVIEZ-VOUS ?

Ils ne sont pas nombreux à avoir tenu tête, un jour dans leur carrière, à José Mourinho. Lorsqu'il revient à Chelsea à l'été 2013, après son prêt au Werder, Kevin De Bruyne ne se laisse pas faire face aux piques du technicien portugais : « Il avait dit dans la presse que je ne faisais pas les efforts à l'entraînement. C'est facile de dire ça quand il n'y a personne pour vérifier, puisque les séances sont à huis clos. Mais tout le monde sait que je ne suis pas de ce style. » Pan sur le bec !

SON C.V.

NÉ le 28 juin 1991 à Tronchiennes (Belgique)
TAILLE : 1,81 m / **POSTE :** milieu de terrain

PARCOURS PROFESSIONNEL : KRC Genk, Werder Brême, Chelsea FC, VfL Wolsbourg, Manchester City

PALMARÈS : Coupe de la League (2016, 2018, 2019, 2020, 2021) ; championnat d'Angleterre (2018, 2019, 2021, 2022) ; Coupe d'Angleterre (2019) ; Coupe et Supercoupe d'Allemagne (2015) ; championnat de Belgique (2011)

Frenkie DE JONG

PAYS-BAS

À l'ASV Arkel, où tout a débuté pour lui, dans la grande banlieue est de Rotterdam, Frenkie De Jong a été surpris d'apprendre que ses anciens dirigeants avaient, un temps, envisagé de baptiser de son prénom une tribune de leur petit stade. L'intéressé a refusé, au prétexte qu'il n'avait encore rien accompli comme footballeur. Certes, mais le stratège n'est tout de même plus un inconnu. Surtout depuis ses débuts internationaux, qui ont coïncidé avec le retour au premier plan des Pays-Bas, plongés durant quelques mois dans la naphtaline, mais aussi depuis ses exploits avec l'Ajax et, surtout, son transfert à sensation au FC Barcelone. Après un sévère bras de fer avec le PSG, le Barça a remporté les enchères avec un contrat courant sur cinq saisons. Montant de l'opération : 75 millions d'euros, plus 11 de bonus.

Les champions du monde français l'ont découvert un soir d'automne 2018 lorsqu'ils calèrent devant tant de génie. « J'allais le presser, mais je n'arrivais jamais à l'avoir », résume Antoine Griezmann, pourtant pas le plus maladroit pour tricoter la pelote. Excellent balle au pied, le pilier du renouveau Oranje est l'un des joueurs qui passent le plus de temps à chercher la verticalité. Jeu long, jeu court, tout semble facile pour le prodige. Souvent comparé à Frank Rijkaard, il est aussi déifié en Franz Beckenbauer des temps modernes. Dans la presse locale, il est devenu le « Kaiser d'Arkel ».

Minot, il était déjà impossible de lui chiper la balle. À l'époque, de la taille d'une tulipe à peine éclose, il est cédé à l'académie de l'Ajax pour… un euro ! C'est le paternel, dingue de musique new wave et fan absolu du groupe Frankie Goes to Hollywood, qui l'a ainsi prénommé. Dans sa chambre, le petit De Jong découpe tous les posters et collectionne tous les articles liés au Barça. Son modèle, c'est Sergio Busquets. Il n'a d'yeux que pour le grand échalas catalan et dissèque le moindre de ses gestes. Malgré la fortune qui l'attend et une popularité envahissante, « FdJ », parti d'Amsterdam sur un inoubliable doublé Coupe-Championnat aux Pays-Bas, a promis de revenir de temps à autre à Arkel. Histoire de se ressourcer et de garder les pieds sur terre.

LE SAVIEZ-VOUS ?

Alors qu'il n'a pas encore endossé le maillot du Barça, déjà, Frenkie De Jong fait pleurer l'ennemi juré, le Real. Après l'exploit de l'Ajax en mars 2019 à Santiago-Bernabéu, le Néerlandais retrouve ses proches dans un hôtel de Madrid. Ovationné par sa famille à son arrivée, le héros s'est tout de même fait chambrer, comme le relate le grand quotidien batave De Telegraaf. *« Désormais, tu peux vraiment aller à Barcelone ! », ont ironisé ses parents. Les aficionados du Camp Nou ont apprécié.*

SON C.V.

NÉ le 12 mai 1997 à Gorinchem (Pays-Bas)
TAILLE : 1,81 m / **POSTE :** milieu de terrain

PARCOURS PROFESSIONNEL : Willem II Tilburg, Ajax Amsterdam, FC Barcelone, Manchester United

PALMARÈS : Coupe d'Espagne (2021) ; Coupe des Pays-Bas (2019)

Matthijs DE LIGT

PAYS-BAS

Quand on a 15 ans et que l'on est déjà nommé meilleur joueur de tournois réservés aux U17 puis aux U19, c'est qu'il y a un truc. Il faut dire que le jeune Matthijs De Ligt profite d'une croissance rapide et s'impose sans aucune crainte dans l'effectif des jeunes de l'Ajax. En septembre 2016, il débute chez les grands, avec un premier match de l'Eredivisie, le championnat néerlandais, contre Willem II Tilburg, et il inscrit même un but pour fêter ses débuts avec le grand Ajax (5-0). La nouvelle perle venue de Hollande méridionale devient, après Clarence Seedorf, le plus jeune buteur chez les pros sous le maillot amstellodamois. Ascension supersonique pour ce talent.

Enfant, raquette en main, il rêvait de suivre les pas de Roger Federer ou Rafael Nadal sur les courts. Ce sera finalement le football et, pour ce fan absolu de l'Ajax, les premiers frissons à la Johan Cruijff ArenA, où son père Frank l'emmène pour suivre ses idoles, des étoiles plein les yeux. Ramasseur de balles, un soir de match, il pose même pour la photo avec Luis Suarez, alors buteur patenté de l'Ajax. À l'école des Lanciers, il surprend les éducateurs par son sens du placement et son courage. Matthijs De Ligt ne recule jamais, même face à plus roublard que lui. A-t-il développé cette assurance lorsque lui, le grand frère, défendait dans la cour d'école son petit frère Wouter et ses sœurs jumelles ?

En tout cas, le gamin venu du FC Abcoude est toujours en avance sur les autres. Plein d'assurance, le nouveau capitaine s'impose comme un vrai leader au milieu de « bébés » qui vont charmer l'Europe lors de la saison 2018-2019. Après avoir renversé le Real Madrid et la Juventus, l'Ajax échoue d'un rien aux portes de la finale contre Tottenham, mais remporte le doublé au pays des tulipes. D'un coup, les Lanciers entrent dans le cœur des supporters. Pas un hasard non plus : après ses douloureuses absences à l'Euro 2016 et au Mondial 2018, l'armada oranje revient en force et Matthijs De Ligt en est l'un des plus beaux représentants. À lui désormais, à 23 ans, de bien négocier son transfert-défi dans l'un des plus grands clubs. L'Histoire est en marche.

LE SAVIEZ-VOUS ?

Le « petit gros » a failli ne jamais fouler les pelouses du centre d'entraînement de l'Ajax. À 8 ans, l'enfant est doué balle au pied, c'est un fait. Mais le gamin est quelque peu grassouillet. On le surnomme alors « Bolle », le rondouillard en néerlandais. Finalement, après quasiment douze mois d'hésitation, c'est le feu vert du mythique club d'Amsterdam. « Quand j'ai débarqué là-bas, se souvient le blond batave, on m'a directement emmené chez une diététicienne ! » Place au régime.

SON C.V.

NÉ le 12 août 1999 à Leiderdorp (Pays-Bas)
TAILLE : 1,89 m / **POSTE :** défenseur

PARCOURS PROFESSIONNEL : Ajax Amsterdam, Juventus, Bayern Munich

PALMARÈS : Coupe d'Italie (2021) ; championnat d'Italie (2020) ; Coupe des Pays-Bas (2019)

FC BAYERN MÜNCHEN

Ousmane DEMBÉLÉ

FRANCE

« J'arrête le foot ! » C'est par ce SMS choc qu'Ousmane Dembélé, en juin 2015, a prévenu René Ruello, alors président du Stade Rennais, de son mécontentement. Exaspéré par le fait que Philippe Montanier, son entraîneur, ne croyait pas en lui, le jeune attaquant, malgré ses 18 ans, fait preuve d'une sacrée caboche. Tout finira par rentrer dans l'ordre mais, convaincu de son aisance balle au pied, le surdoué normand, dont le père est d'origine malienne et la maman sénégalo-mauritanienne, va vite brûler les étapes.

Capable de perforer n'importe quelle défense grâce à ses gestes ciselés, « Dembouz » a acquis cette technique lorsque, adolescent, il s'épanouissait en pratiquant le futsal. À 13 ans, cap donc sur le Stade Rennais. Sa pointe de vitesse, conjuguée à sa facilité à amener le danger dans une surface, fait merveille. Bon des deux pieds, le phénomène doit juste apprendre à ne pas abuser de dribbles superflus. Imperméable à la pression, il aborde la Ligue 1 comme un vieux briscard.

À peine trente matches dans l'Hexagone et sa carrière s'accélère. D'abord en Allemagne, à l'été 2016, sous le maillot du Borussia Dortmund, alors coaché par Thomas Tuchel. Puis à l'automne, avec une première sélection chez les Bleus, à Lens contre la Côte d'Ivoire (0-0). Ce fan du dessin animé *Olive et Tom* en possède presque les caractéristiques. Tout en s'amusant, Ousmane Dembélé signe des gestes spectaculaires. Il bosse comme un acharné avant chaque match de Bundesliga. Seulement, l'ambiance se tend à l'intersaison suivante. La proposition du Barça le fait saliver et Ousmane entre en conflit avec les dirigeants des Schwarzgelben. Finalement, Dembélé obtient gain de cause et rejoint le FC Barcelone. Lionel Messi prend sous son aile son jeune coéquipier, persuadé que le relâchement et le pouvoir d'accélération du môme peuvent créer d'énormes brèches. Ousmane Dembélé finit par convaincre chez les Blaugrana. Avec plus de régularité et un physique moins fragile, son nouveau surnom de « Dem-Pelé » ne serait vraiment plus usurpé.

LE SAVIEZ-VOUS ?

L'actuel entraîneur du Stade Rennais, Julien Stephan, a longtemps couvé Ousmane Dembélé à la formation bretonne. Le technicien des Rouge et Noir maîtrise son « Dembouz » : « Il se montre plus à son avantage dans un 4-3-3, car il est couvert, il a moins d'efforts à faire et se replace ainsi moins bas. » Avant d'appuyer son propos : « Cela lui permet d'exprimer toutes ses qualités dans les transitions offensives quand les espaces se libèrent. Là, il se régale ! »

SON C.V.

NÉ le 15 mai 1997 à Vernon (France)
TAILLE : 1,78 m / **POSTE :** attaquant

PARCOURS PROFESSIONNEL : Stade Rennais, Borussia Dortmund, FC Barcelone

PALMARÈS : championnat d'Espagne (2018, 2019) ; Coupe du monde (2018) ; Coupe et Supercoupe d'Espagne (2018, 2021) ; Coupe d'Allemagne (2017)

Memphis DEPAY

PAYS-BAS

Un profil d'écorché vif. On peut tout dire sur Memphis Depay, mais surtout pas que le garçon est lisse ou sans charisme. Fort en tête, le Néerlandais s'est forgé une personnalité très tôt, au cours d'une enfance pénible, avec un père, d'origine ghanéenne, qui l'a laissé choir – d'où sa volonté que ses maillots soient floqués « Memphis » et non de son patronyme. Surdoué avec un ballon, le futur tatoué à outrance a souvent grillé les étapes par sa précocité, mais ce fut rarement sans vagues. Un poil hautain, l'attaquant en exaspère certains, même au pays des polders.

Sûr de lui, le Batave débarque à l'été 2015 à Manchester United, avec le 7 dans le dos. Ce numéro historique sur le maillot le fait dès lors comparer aux glorieux anciens qui l'ont porté, notamment Cristiano Ronaldo, Éric Cantona et George Best. Lourd héritage. Seulement, au bout de quelques mois à Old Trafford, son jeu, jusqu'alors vif et aérien, donne des signes d'essoufflement. Comme si la trajectoire prometteuse du phénomène hollandais s'était tassée sous le poids des attentes.

Dès ses débuts en 2011 au PSV Eindhoven, à seulement 17 ans, Memphis Depay a très vite été confronté au jeu dangereux des comparaisons. Sur son aile gauche, le buteur néerlandais démontre vite ses qualités : rapidité, excellente technique des deux pieds et une frappe de balle diabolique, notamment sur coups francs. Avec José Mourinho, arrivé dans le vestiaire mancunien, ça ne passe pas. Memphis cire le banc et perd le rythme de la compétition.

En janvier 2017, il relève le défi en Ligue 1 et à l'Olympique lyonnais. Malgré les doutes, Bruno Genesio est enthousiaste. « C'est un joueur percutant, puissant, capable de faire marquer et de marquer », synthétise le coach des Gones. Et Jean-Michel Aulas de prédire : « Memphis ne va pas tarder à faire lever tout le stade d'ici peu. » Une prémonition qui se concrétisera par intermittences. Depay n'en démord pas : il a le talent nécessaire pour briller chez les plus grands. En 2021, il prend la direction du FC Barcelone.

LE SAVIEZ-VOUS ?

Il adore poser son flow sur le beat ! Le groupe de rap Rotterdam Airlines, dont il est l'un des créateurs, a récemment fait un carton sur YouTube. Lorsqu'il arrive au Sparta, l'autre club du grand port néerlandais, son président lui demande de choisir entre une carrière de chanteur syncopé et celle de dribbleur dans une surface. Memphis Depay a donc mis entre parenthèses la scène hip-hop pour exercer plutôt son talent sur le pré.

SON C.V.

NÉ le 13 février 1994 à Moordrecht (Pays-Bas)
TAILLE : 1,76 m / **POSTE :** attaquant

PARCOURS PROFESSIONNEL : PSV Eindhoven, Manchester United, Olympique Lyonnais, FC Barcelone

PALMARÈS : Ligue Europa (2017) ; Coupe d'Angleterre (2016) ; championnat des Pays-Bas (2015) ; Coupe des Pays-Bas (2012)

Ángel DI MARIA

ARGENTINE

Dans le quartier de la Perdriel, le « Fideo » (le Spaghetti) en a torturé plus d'une. Du matin au soir, avec ses potes de Rosario, Ángel joue avec la « pelota » et, sur les terrains vagues, il se prend pour Maradona. Ça dure des heures. Et des heures… Hasard de la destinée : le petit Di Maria est né à quelques encablures d'une autre future star du football argentin, un certain Lionel Messi.

Vingt ans plus tard, de l'autre côté de la frontière, « Angelito » réussit un Mondial en tout point remarquable au Brésil. Et les amoureux de l'Albiceleste fantasment déjà sur un troisième sacre suprême. Catastrophe en quarts : le piston idéal se blesse contre la Belgique. Forfait en vue pour la finale. Le matin de cette apothéose au Maracanã contre l'Allemagne, Ángel Di Maria supplie son sélectionneur, Alejandro Sabella. « Si tu me mets, je jouerai jusqu'à ce que ça pète ! », lui lâche-t-il, avant de craquer nerveusement. Mais le patron argentin ne veut pas prendre de risque, et c'est en spectateur que le dépositaire du jeu argentin assiste, impuissant, en tribunes, à l'échec des siens.

Quatre ans plus tard, malgré son envie de revanche, « Angelito » passe à côté du tournoi russe. Et, en dépit d'un but spectaculaire contre l'équipe de France, tout s'achève cette fois dès les huitièmes de finale. Complément idéal de « Leo » Messi en sélection, Ángel Di Maria n'a pas eu le parcours aussi linéaire que son prestigieux coéquipier en club. Après ses années de découverte à Benfica, il connaîtra les saisons de gloire au Real Madrid. Ensuite, erreur de casting : en 2014, l'Argentin rejoint Manchester United et vit un calvaire. Son style n'est pas compatible avec celui des Red Devils. Il ne s'acclimate guère au climat du nord de l'Angleterre.

Une situation kafkaïenne (d'ailleurs, certains assurent que Di Maria est le parfait sosie de l'écrivain tchèque) qui prend fin douze mois plus tard. Même s'il est parfois en mode « intermittent du spectacle », le numéro 11 argentin surnage de nouveau au PSG. Sa percussion, son aisance technique et sa formidable précision dans ses tirs lointains, notamment sur coup franc, éblouissent. Après sept années de bons et loyaux services dans la capitale, Angel s'est envolé pour un nouveau défi.

LE SAVIEZ-VOUS ?

Avec des mains noircies par la houille, le jeune Ángel se rend, le soir venu, à l'entraînement à Rosario Central. Tout juste adolescent, il n'a guère eu le temps de se changer car, dans la journée, le fiston a dû aider son père à livrer du charbon à ses clients. La famille Di Maria ne roule pas sur l'or et, pourtant passionné de ballon rond, le paternel n'a pas réussi à s'illustrer sous le maillot de River Plate ; résigné, il a fait de charbonnier sa profession.

SON C.V.

NÉ le 14 février 1988 à Rosario (Argentine)
TAILLE : 1,80 m / **POSTE :** milieu de terrain

PARCOURS PROFESSIONNEL : Rosario Central, SL Benfica, Real Madrid, Manchester United, Paris SG, Juventus

PALMARÈS : Copa America (2021) ; championnat de France (2016, 2018, 2019, 2020, 2022) ; Coupe de France (2016, 2017, 2018, 2020, 2021) ; Coupe de la Ligue (2016, 2017, 2018, 2020) ; championnat d'Espagne (2012) ; Coupe d'Espagne (2011, 2014) ; championnat du Portugal (2010) ; Coupe du Portugal (2009, 2010) ; jeux Olympiques (2008)

JUVENTUS

Rúben DIAS

PORTUGAL

Sa prestation XXL contre le Paris Saint-Germain, lors des demi-finales de la Ligue des champions en 2021, a marqué les esprits. Notamment au match aller au Parc des Princes où, en mettant en échec Kylian Mbappé et consorts, auprès de John Stones en charnière centrale, le gamin portugais a réchauffé les cœurs des supporters des Citizens. Et même si l'épopée s'est terminée avec un sentiment d'inachevé dans son pays, en finale à Porto contre Chelsea (0-1), le statut de Rúben Dias a encore changé de dimension.

Clin d'œil du destin : il grandit à Amadora, à quelques encablures seulement du stade de la Luz, l'antre mythique de Benfica. Étoile naissante de l'Estrela locale, Rúben intègre l'académie des Aigles rouges dès l'âge de 11 ans. Tête bien faite, le jeune Dias fait preuve d'une maturité fulgurante. Ses entraîneurs apprécient notamment sa capacité à rester concentré 90 minutes sans relâche. Avec un physique décuplé, il passe pro dès sa majorité chez le géant de Lisbonne. En septembre 2017, Rui Vitoria le fait débuter dans le championnat domestique. L'ascension est fulgurante. Il se frotte à Marcus Rashford et Romelu Lukaku dès l'automne, lors d'un match de gala contre Manchester United. Malgré la défaite contre les Red Devils (0-1), sa prestation ne passe pas inaperçue.

À ce rythme, le nom du natif d'Amadora se retrouve dans les petits papiers de Fernando Santos, le sélectionneur portugais. Il est retenu dans la liste pour la Coupe du monde 2018, alors que lui, ancien capitaine dans les catégories de jeunes, n'a jamais porté le maillot des champions d'Europe. Même s'il ne dispute aucune minute en Russie, le talent est là. Au côté de José Fonte, un an plus tard, il est du triomphe en finale de la première Ligue des Nations contre les Pays-Bas (1-0). En septembre 2020, coup de tonnerre : Manchester City sort le chéquier et, pour 68 millions d'euros, Rúben Dias rejoint le nord de l'Angleterre. À l'issue de sa première saison en Premier League, il est élu meilleur joueur par la presse locale. Seul Cristiano Ronaldo, à deux reprises (2007 et 2008), avait obtenu cette récompense pour le Portugal.

LE SAVIEZ-VOUS ?

Drôle d'accueil pour Rúben Dias en octobre 2020 à Elland Road, le stade de Leeds United. En descendant du bus des Citizens, le jeune défenseur a été refoulé par le service de sécurité qui n'avait pas reconnu l'international portugais. Avant ce match de Premier League, ce dernier a dû attendre un membre du staff pour pouvoir accéder au vestiaire. Manchester City repartira finalement du Leeds de Marcelo Bielsa avec le point du match nul (1-1).

SON C.V.

NÉ le 14 mai 1997 à Amadora
TAILLE : 1,87 m / **POSTE :** défenseur

PARCOURS PROFESSIONNEL : SL Benfica, Manchester City

PALMARÈS : championnat d'Angleterre et Coupe de la League (2021, 2022) ; championnat du Portugal (2019) ; Ligue des nations (2019)

Luis DÍAZ

COLOMBIE

Véritable révélation de la demi-finale de Ligue des champions des *Reds* à Villarreal en mai 2022, le Colombien a, ce soir-là en Espagne, conquis tout son monde. Sur le flanc gauche, le *Cafetero* a donné le tournis aux défenseurs du « sous-marin » jaune. Arrivé à Liverpool quatre mois plus tôt, Luis Fernando Díaz Marulanda a fait une entrée fracassante dans le cœur des supporters anglais. Par son toupet, ses provocations incessantes, grâce à ses dribbles et sa conduite de balle pertinente, l'ancien ailier de Barranquilla a vite été adopté et Jürgen Klopp, dithyrambique à son sujet, se régale à chacune de ses arabesques.

Débarqué en janvier 2022 du FC Porto, où il vient de passer deux ans et demi pour sa découverte du football européen, cet héritier du *toque* a signé un contrat longue durée du côté de Liverpool. Une belle récompense pour Luis Díaz, fan absolu de Ronaldinho et repéré dans son pays par un certain Carlos Valderrama. L'ancien Montpelliérain à l'impressionnante crinière a découvert la pépite de Barrancas lors d'un tournoi réunissant des amateurs, au sein d'une équipe où les joueurs étaient tous issus d'ethnies locales. Le but est alors d'offrir aux meilleurs une sélection pour disputer une Copa América en version autochtone. Luis Díaz est issu d'une famille Wayuu, un peuple amérindien qui vit à la frontière avec le Venezuela et qui est socialement rejeté. Le futur champion grandit dans la pauvreté. Pour s'évader, balle au pied, le petit Díaz tente et réussit tout ce qu'il ose. Devant la virtuosité du garçon, Carlos Valderrama le fait venir au Barranquilla FC.

Surnommé *El Fideo* (« la Nouille ») en raison de son aspect fluet, l'ailier puncheur brûle les étapes. En septembre 2018, il fête sa première sélection avec la Colombie contre l'Argentine (0-0). Luis Díaz ne sortira plus du groupe. À 21 ans, il dispute la finale de la Copa Sudamericana avec l'Atlético Junior, perdue contre les Brésiliens du CA Paranaense. Un échec qui n'entrave pas son arrivée en Europe. Le Zenit Saint-Pétersbourg tient la corde mais, sur les conseils de ses compatriotes James Rodriguez et Radamel Falcao, Luis Díaz opte finalement pour Porto. Choix judicieux qui lui ouvrira, quelques mois après, les portes mythiques d'Anfield.

LE SAVIEZ-VOUS ?

Lors de la Copa América 2021 disputée au Brésil, Luis Díaz, avec quatre réalisations, a remporté le titre de meilleur buteur du tournoi sud-américain aux côtés d'un joueur de renom. Et pas n'importe lequel, puisqu'il s'agissait de Lionel Messi ! Si la star argentine a fini par remporter cette 47e édition, le petit Colombien s'est contenté de la troisième marche sur le podium. Lors du match de classement contre le Pérou (victoire des Cafeteros, 3-2), Luis Díaz s'est tout de même offert un doublé.

SON C.V.

NÉ le 13 janvier 1997 à Barrancas
TAILLE : 1,78 m / **POSTE :** milieu

PARCOURS PROFESSIONNEL : Barranquilla FC, Atlético Junior, FC Porto, Liverpool FC

PALMARÈS : Coupe d'Angleterre (2022), Coupe de la League (2022), championnat du Portugal (2020, 2022), Coupe du Portugal 2020, 2022), championnat de Colombie (2019), Coupe de Colombie (2017)

Gianluigi DONNARUMMA

ITALIE

Un ado chez les pros ! Les premiers pas de Gianluigi Donnarumma dans le but de l'AC Milan illustrent à la perfection une vieille rengaine de coach : dans le monde du football, le talent n'a pas d'âge. Pour le natif de Castellammare di Stabia, ville située dans le golfe de Naples, la vie s'écoule à fond les ballons. Lorsqu'il intègre l'académie du Napoli, à l'âge de 4 ans, le gamin qui a de l'or entre les mains rêve déjà en rouge et noir, comme son « tonton » Ernesto, fervent tifoso du Milan. Les performances autant que la taille du portier, qui mesure parfois 30 centimètres de plus que les mômes de son âge, interpellent. Les regards soupçonneux obligent Marinella, la mamma, à présenter, chaque week-end de match, le certificat de naissance de son rejeton pour dissiper les doutes.

Très vite, le talent du jeune gardien franchit les frontières de la Campanie. Juve, Fiorentina, Roma ou Udinese envoient leurs recruteurs pour arracher la signature du prodige. Mais celui que l'on surnomme « Gigio » a déjà choisi sa destination : ce sera l'AC Milan, où évolue déjà son frère Antonio, de neuf ans son aîné, gardien de but lui aussi. À Millanello, l'ascension du jeune espoir, désigné meilleur gardien du championnat d'Europe des moins de 17 ans, est fulgurante. Impérial dans les airs, doté d'excellents réflexes et solide sur sa ligne, il ne tarde pas à s'imposer dans le but lombard et relègue l'Espagnol Diego Lopez sur le banc. Il a 16 ans et 9 mois... La Nazionale va suivre. Giampiero Ventura, le sélectionneur italien, le convoque pour un match amical face aux Bleus. Entré en seconde mi-temps, il succède à son idole, la légende Gianluigi Buffon, battant une nouvelle fois un record de précocité.

Régulièrement cité parmi les meilleurs gardiens de la Péninsule et d'Europe, l'Italien suscite les convoitises. L'AC Milan tente de prolonger le contrat de son joyau de 18 ans et de 1 mètre 96. Peine perdue : à l'issue de son contrat en 2021, Gianluigi Donnarumma s'engage avec le Paris Saint-Germain. Un concurrent de taille pour Keylor Navas.

LE SAVIEZ-VOUS ?

Son numéro de maillot, un double 9, n'est pas très commun dans la corporation des gardiens de but, plutôt habitués à un petit chiffre. Donnarumma porte le numéro 9 tout simplement en référence à son année de naissance. Il est né le 25 février 1999 et est devenu le deuxième plus jeune gardien à évoluer en Serie A, devant des monuments comme Gianluigi Buffon.

SON C.V.

NÉ le 25 février 1999 à Castellammare di Stabia (Italie)
TAILLE : 1,96 m / **POSTE :** gardien de but

PARCOURS PROFESSIONNEL : AC Milan, Paris SG

PALMARÈS : championnat de France (2022) ; Euro (2020) ; Supercoupe d'Italie (2016)

Paulo DYBALA

ARGENTINE

D'origine polonaise par son grand-père paternel et italienne par sa grand-mère maternelle, Paulo Bruno Exequiel Dybala est né dans la banlieue de Córdoba, dans le nord de l'Argentine. C'est d'ailleurs dans l'un des meilleurs clubs formateurs de la ville, l'Instituto, qu'il plante ses premiers buts et se voit très vite affublé du sobriquet de « la Joya » (le Bijou) par ses premiers observateurs. Il n'est pas encore majeur et bat déjà tous les records de précocité pour un attaquant : plus jeune buteur, premier joueur à disputer si jeune toutes les rencontres, premier joueur de 17 ans à inscrire deux triplés et à scorer lors de six matches d'affilée !

Un an plus tard, c'est le départ sur la terre de ses ancêtres : Paulo Dybala rejoint l'effectif de l'US Palerme, en Sicile. Une fois encore, l'Argentin fait tomber les barrières de la célérité : il devient le plus jeune footballeur à marquer sous le maillot *rosanero*. En trois saisons, il inscrit 21 buts en 93 rencontres sous le maillot palermitain. Le tremplin est immédiat : à l'été 2015, direction le nord de l'Italie pour rejoindre les rangs prestigieux de la « Vieille Dame ».

Toujours à la recherche de perles rares, la Juventus mise sur ses exploits pour marquer un peu plus les esprits. Chez les Bianconeri, Paul Pogba trouve un nouveau surnom au prodige. Son partenaire français le baptise « Carré R2 », une allusion aux touches utilisées dans certains jeux vidéo célèbres pour effectuer une frappe enroulée. Un bonheur n'arrivant jamais seul, Paulo Dybala débute, quelques semaines plus tard, en sélection, cornaqué par un certain Lionel Messi, au sein de l'Albiceleste.

Durant la saison 2018-2019, le « Bijou » argentin ne brille plus autant et n'a plus le même rendement face au but. L'arrivée de Cristiano Ronaldo et, semble-t-il, un coup de mou sur le plan mental lui coûtent une place de titulaire. Fragilisé, Paulo Dybala n'a plus alors la même cote. Son talent ne s'est tout de même pas envolé. À quand le rebond ?

LE SAVIEZ-VOUS ?

En Argentine, Paulo Dybala est surnommé « El Pibe de la pensión » (le gosse de la pension) car, à la mort de son père, le niño surdoué balle au pied est recueilli par le centre de formation de l'Instituto Atlético Central Córdoba. Afin de lui éviter des déplacements éreintants au quotidien, de chez lui aux terrains d'entraînement, le club préfère accorder à l'adolescent un statut de pensionnaire. À 17 ans, en août 2011, il y devient joueur pro.

SON C.V.

NÉ le 15 novembre 1993 à Laguna Larga (Argentine)
TAILLE : 1,77 m / **POSTE :** attaquant

PARCOURS PROFESSIONNEL : Instituto de Córdoba, US Palerme, Juventus FC, AS Roma

PALMARÈS : championnat d'Italie (2016, 2017, 2018, 2019, 2020) ; Coupe d'Italie (2016, 2017, 2018, 2021) ; Supercoupe d'Italie (2015, 2018)

Ansu FATI

ESPAGNE/GUINÉE-BISSAU

« On est face à un footballeur qui peut marquer une époque. Le nouveau Messi ? Ce sont de grands mots. Mais il peut être un footballeur de taille mondiale, oui ! » Ces propos ne proviennent pas de n'importe qui, puisque c'est Xavi en personne qui s'est ainsi exprimé au sujet d'Ansu Fati. Et quand l'ancien cerveau du Barça se prononce de cette façon, c'est rarement à la légère. Il faut dire que le FC Barcelone mise beaucoup sur son chouchou arraché des griffes de son ennemi héréditaire, le Real Madrid, qui offrait pourtant des conditions mirobolantes à Bori Fati, le père, lui-même ancien footballeur : « Le Real proposait plus d'argent que le Barça. Mais nous avons choisi Barcelone, parce que les recruteurs catalans sont venus jusque chez nous avec le contrat et m'ont convaincu. »

Mais pour quelle raison les Blaugrana ont-ils mis autant le paquet sur ce phénomène ? Parce que c'en est un ! Déroutant par son aisance, Anssumane Fati (de son vrai nom) possède une fougue hors norme et un vrai sens du but. S'il est né en Guinée-Bissau, Ansu vit en Espagne depuis l'âge de 6 ans. Il enfile des crampons au CDF Herrera, équipe andalouse où joue son paternel. Quelques mois plus tard, le Séville FC enrôle le jeune roseau d'une souplesse diabolique. Rien ne l'arrête ! Avant ses 10 ans, le voilà à La Masia, le réputé centre de formation du Barça. Malgré une double fracture tibia-péroné au début de son adolescence, le surdoué brûle les étapes.

En juillet 2019, Ansu Fati prolonge avec le club catalan jusqu'en 2022, avec une clause libératoire déjà fixée à 100 millions d'euros ! Dans les semaines qui suivent, avant même ses 17 ans, il bat un maximum de records de précocité, tant en Espagne qu'en Ligue des champions. En octobre, contre le Monténégro, il débute avec les espoirs ibériques et la Roja, la sélection chez les A, lui fait déjà les yeux doux. Son père Bori vit un rêve éveillé et n'oubliera jamais les débuts du *niño*, en août 2019, contre Osasuna : « Quand il m'a dit qu'il était convoqué, j'ai cru à une blague. Si je meurs aujourd'hui, ça n'a pas d'importance. Ansu a joué avec le Barça ! »

LE SAVIEZ-VOUS ?

Sous les ordres de Victor Valdés avec les Juveniles, Ansu Fati était plus que choyé. Mais l'ancien gardien, devenu entraîneur, se souvient d'une incroyable anecdote au sujet de la petite merveille : « Lors d'un tournoi en Russie, il grimaçait. Je lui ai dit de me montrer ses chaussures. Et leur état était désastreux... Ses douleurs venaient de là, alors je lui en ai acheté une nouvelle paire pour qu'il aille mieux. »

SON C.V.

NÉ le 31 octobre 2002 à Bissau (Guinée-Bissau)

TAILLE : 1,78 m / **POSTE :** attaquant

PARCOURS PROFESSIONNEL : FC Barcelone

PALMARÈS : Coupe d'Espagne (2021)

João FELIX

PORTUGAL

Une pincée de Rui Costa pour son côté technique, un soupçon de Youri Djorkaeff pour sa position en neuf et demi sur le terrain, une bonne dose de Kaká pour son impact offensif et quelques grains de Michel Platini pour sa vision du jeu. Voilà l'excellente recette tombée en juillet 2019 dans la marmite de l'Atlético. Pour l'occasion, les Colchoneros ont cassé leur tirelire. Un sacré pari pour enrôler un gamin de 19 ans, certes archidoué mais encore perfectible. Lui-même ne s'emballe pas et la joue profil bas : « J'ai compris qu'il y avait de grandes attentes autour de moi, mais je ne l'ai jamais vu comme une mauvaise chose. J'ai toujours été très calme dans cette phase d'adaptation, j'avais le soutien de ma famille et de mes amis, en plus de celui de l'Atlético. Les 126 millions ne sont jamais dans mon esprit. »

Il faut dire que la petite merveille épate depuis son plus jeune âge et brûle les étapes. Dès ses premiers pas, ses parents, Carla et Carlos, planquent bibelots et objets précieux dans le salon lorsque le chenapan sort le « *bola* » et part dans des arabesques. Il découvre le football grandeur nature au FC Porto dès 8 ans. Cependant, les Dragons, souvent mieux inspirés, ne croient pas en ce môme intrépide mais gringalet. À l'adolescence, João passe chez l'« ennemi » et Benfica se frotte les mains d'une telle acquisition.

En septembre 2016, João Félix devient le plus jeune joueur à débuter avec la réserve des Aigles, à l'âge de 16 ans et 312 jours. En avril 2019, malgré son appareil dentaire rappelant la précocité du garçon, il réalise un triplé, tout en facilité et en relâchement, contre l'Eintracht Francfort en Ligue Europa. Spécialiste des raids et des dribbles élégants, le p'tit gars de Viseu vit deux moments forts durant l'été. D'abord, il remporte la toute première Ligue des nations avec la Seleção das Quinas. Ensuite, son transfert à l'Atlético frise les records. Petit bémol : certains spécialistes regrettent alors que João Félix rejoigne une équipe au jeu jugé restrictif. Beaucoup auraient préféré le voir du côté du Barça et de son jeu chatoyant.

LE SAVIEZ-VOUS ?

Lorsqu'il débarque à l'Atlético, João Félix souhaite porter le 79 dans le dos. Refusé ! La Liga espagnole impose aux joueurs de porter des numéros compris entre 1 et 25. Il réclame alors le 10, mais son vœu n'est toujours pas exaucé : c'est Angel Correa qui se voit attribuer le chiffre fétiche. Finalement, le jeune Portugais récupère le 7, laissé vacant par Antoine Griezmann, parti au Barça.

SON C.V.

NÉ le 10 novembre 1999 à Viseu (Portugal)
TAILLE : 1,81 m / **POSTE :** milieu de terrain

PARCOURS PROFESSIONNEL : SL Benfica, Atlético de Madrid

PALMARÈS : championnat d'Espagne (2021) ; Ligue des nations (2019) ; championnat du Portugal (2019)

Bruno FERNANDES

PORTUGAL

Attention, un Fernandes peut en cacher un autre ! On est le 10 novembre 2017 à Viseu et, ce jour-là, à la 56e minute, lors d'un match amical Portugal-Arabie saoudite (1-0), Manuel Fernandes laisse sa place à un petit nouveau, Bruno Fernandes. C'est le grand saut pour l'ancien élève de Boavista, à la trajectoire originale. Pour parfaire sa formation, le « Canon de Maia » (son surnom dans sa ville natale) met le cap, à 17 ans, sur le Piémont. Il use désormais ses crampons de junior sur les vertes pelouses du Novare Calcio, entre Turin et Milan. Pas banal pour un gamin portugais !

Avec sa classe naturelle et dans un pays marqué par les champions d'exception, le môme est vite affublé du sobriquet de « petit Maradona ». C'est aller vite en besogne, mais Bruno Fernandes détonne quand même par sa capacité à être toujours bien placé, à réussir des passes justes et, malgré son jeune âge, à avoir suffisamment de lucidité, sans se précipiter, pour trouver aisément le chemin des filets. Le nouveau talent croque aussi, mais c'est un style qu'il assume : « Je suis certes un joueur de sacrifice. Parfois, je sais que j'exagère dans les courses que je donne et dans la pression parce que je veux occuper tout le terrain. » Il découvre le haut niveau en Serie B, mais c'est à l'Udinese qu'il hume l'élite du football transalpin.

Après cinq ans d'apprentissage en Italie, agrémenté d'un prêt d'une saison à la Sampdoria, Bruno Fernandes rentre au bercail. Il signe au Sporting et, à Lisbonne, le public découvre une énième pépite du football lusitanien. Fin techniquement, il n'a aucune difficulté à s'illustrer en termes de passes décisives. Sur les tablettes du Real Madrid, le jeune milieu offensif opte finalement pour l'Empire britannique. En janvier 2020, Bruno Miguel Borges Fernandes devient, pour 55 millions d'euros et un contrat de cinq ans et demi, le sixième joueur portugais à enfiler la tunique mythique de Manchester United. Avec l'étiquette d'« *impact player* » en Premier League, le « Canon de Maia » réussit des débuts tonitruants du côté d'Old Trafford. Au point d'être nommé « joueur du mois » dès février !

LE SAVIEZ-VOUS ?

En mars 2020, lors du derby contre Manchester City, Bruno Fernandes a croisé le fer avec... Pep Guardiola ! Les deux hommes se sont pour le moins embrouillés : sur une remise en touche, le manager catalan a feint de lui rendre la balle, avant de l'envoyer sur Luke Shaw. S'en est suivi un échange « fleuri » entre les deux protagonistes, avant que le Portugais n'invite Guardiola à se taire en pointant son index sur sa bouche. Man U l'a emporté (2-0)...

SON C.V.

NÉ le 8 septembre 1994 à Maia (Portugal)
TAILLE : 1,79 m / **POSTE :** milieu de terrain

PARCOURS PROFESSIONNEL : Novare Calcio, Udinese Calcio, UC Sampdoria, Sporting CP, Manchester United

PALMARÈS : Ligue des nations (2019) ; Coupe du Portugal (2019) ; Coupe de la Ligue (2018, 2019)

Roberto FIRMINO

BRÉSIL

Roberto de la Canebière. Avec un tel titre, le feuilleton aurait pu fonctionner dès 2009. À cette époque, Firmino passe un mois à Marseille alors qu'il vient de fêter ses 17 ans. Pour autant, si le Brésilien se montre à son avantage, il n'est finalement pas conservé dans l'effectif de l'OM. « Il nous a été proposé, puis on l'a pris à l'essai avec la réserve, se rappelle Jean-Philippe Durand, l'un des responsables de la cellule recrutement du club phocéen. Il était très adroit devant le but. Techniquement, il était au-dessus. Après, c'était un gamin qui arrivait de son pays, il était un peu perdu… »

Mauvaise pioche pour l'OM : en décembre 2010, c'est finalement Hoffenheim qui recrute le Sud-Américain. Après avoir marqué 49 buts en 153 rencontres outre-Rhin, il file à Liverpool en juin 2015 contre 40 millions d'euros. Avec Sadio Mané et Mohamed Salah, Roberto Firmino forme un trident de renom. Le trio « MSF » est à la mode à Anfield. Avec son intelligence de jeu, le Brésilien s'illustre aussi par son appétence à décrocher. Plus dans l'ombre que ses deux flèches de l'attaque, « Bobby » – comme on aime le surnommer du côté de la Mersey – se sacrifie souvent dans un rôle ingrat.

Roberto Firmino n'a pas son pareil pour peser sur une charnière centrale, histoire de libérer de l'espace pour ceux qui assument un rôle d'ailier. Avec ce relatif sacrifice, le natif de l'État de l'Alagoas marque moins de buts que ses complices. Dommage, car il sait se montrer réaliste quand les circonstances l'imposent. D'ailleurs, depuis l'arrivée de Jürgen Klopp sur le banc des Reds en 2015, le technicien allemand insiste auprès de lui pour que le Brésilien joue plus en pointe et prenne des risques. Comme ce jour de décembre 2018 où, auteur d'un triplé, il dynamite la défense d'Arsenal, laminé (1-5). Plus discret en finale de la Ligue des champions, Firmino n'en remporte pas moins le titre suprême en 2019, lors de Liverpool-Tottenham (2-0). Autre point fort : le garçon a une parfaite science pour endiguer les relances adverses. Par son sens du placement et ses anticipations, il enraye la marche en avant du camp opposé. Ah, si seulement l'OM avait eu le nez creux…

LE SAVIEZ-VOUS ?

Un énorme « STRONG » barre, par exemple, la cuisse gauche tatouée de Roberto Firmino, adepte de cet art cutané. Le Brésilien de Liverpool a d'ailleurs fait appel au graveur attitré d'un certain Neymar. C'est ce même Thieres Paim qui lui a tatoué de superbes ailes dans le dos. À l'époque où il évoluait en Bundesliga du côté d'Hoffenheim, Firmino s'était même fait inscrire une phrase en langue allemande… mais qui ne voulait strictement rien dire !

SON C.V.

NÉ le 2 octobre 1991 à Maceió (Brésil)
TAILLE : 1,81 m / **POSTE :** attaquant

PARCOURS PROFESSIONNEL : Figueirense FC, TSG Hoffenheim, Liverpool FC

PALMARÈS : Coupe d'Angleterre (2022) ; Coupe de la League (2022) ; championnat d'Angleterre (2020) ; Ligue des champions (2019)

Phil FODEN

ANGLETERRE

Dad' est obsédé par le rouge, Mum' est plus branchée bleu ciel. En effet, papa est supporter de ManU, tandis que maman ne jure que par les Citizens. Finalement, le petit Phil préfère suivre cette dernière lors des matches au City of Manchester Stadium, l'antre des Sky Blues. Yeux écarquillés, il ne manque pas une miette du comportement de Joey Barton dans l'entrejeu, qui aboie aussi bien après ses adversaires que sur ses équipiers.

À 7 ans, le voilà aux Reddish Vulcans, modeste club de Stockport, reconnu pour ses qualités dans la formation des talents en culotte courte. Phil franchit un palier avant l'adolescence en rejoignant Manchester City. Son recruteur, Joe Makin, n'en est toujours pas revenu : « Il était le plus petit sur le terrain. Mais tu lui donnais le ballon et tout ça passait au second plan. Tout le monde s'extasiait devant son toupet. » Ramasseur de balle, Phil Foden scrute ses idoles du moment : James Milner, Adam Johnson, Gareth Barry et Owen Hargreaves. Il se passionne aussi pour la dextérité technique d'un Samir Nasri ou d'un David Silva. À la fin d'un match, Sergio Agüero lui tapote la tête. Le jeune Phil n'imagine pas encore que le « Kun » argentin deviendra son coéquipier quatre ans plus tard !

Patron de l'Académie chez les Citizens, le technicien espagnol Txiki Begiristain incite Pep Guardiola à observer le phénomène. Son compatriote pige tout de suite et Foden devient son chouchou. « C'est un cadeau pour nous et un diamant pour l'Angleterre », s'extasie le coach catalan. Rare Anglais à s'imposer dans l'effectif cosmopolite de City, le jeune ailier, capable aussi de survoler les débats en milieu axial, impressionne par la variété de son jeu, la lecture des trajectoires et sa capacité à créer le danger dans toutes les positions. Complémentaire de Kevin De Bruyne, Raheem Sterling et Riyad Mahrez, Phil Foden a peu d'égal pour percuter sans hésiter. « À chaque fois qu'il ne joue pas, je m'excuse auprès de lui », confesse un Guardiola inquiet de l'avenir de son joyau : « C'est le seul joueur qui ne peut être vendu, en aucune circonstance. Pas même pour 500 millions d'euros. » *No limit !*

LE SAVIEZ-VOUS ?

Record de précocité pour Phil Foden qui, en décembre 2017, contre les Ukrainiens du Shakhtar Donetsk, devient le plus jeune joueur anglais titularisé lors d'une rencontre de Ligue des champions. Déjà le mois précédent, à 17 ans et 177 jours, il s'était intercalé à la quatrième place des plus jeunes joueurs anglais à disputer un match européen, en remplaçant Yaya Touré contre le Feyenoord Rotterdam.

SON C.V.

NÉ le 28 mai 2000 à Stockport
TAILLE : 1,71 m / **POSTE :** milieu de terrain

PARCOURS PROFESSIONNEL : Manchester City

PALMARÈS : Ligue des champions (2021) ; championnat d'Angleterre (2018, 2019, 2021, 2022) ; Coupe d'Angleterre (2019) ; Coupe de la League (2018, 2019, 2020, 2021)

Olivier GIROUD

FRANCE

Il est à la fois le deuxième meilleur buteur de l'histoire des Bleus et l'attaquant devenu champion du monde en Russie sans faire trembler une seule fois les filets. Voilà tout le paradoxe d'Olivier Giroud, indispensable aux Bleus mais qui n'a jamais fait l'unanimité. Critiquer Giroud est même un sport national. À tel point qu'à la veille de France-Australie, le premier match de la Coupe du monde en Russie, on ne trouve pas grand monde pour protester contre son absence du onze titulaire. À la fin du match, les mêmes observateurs qui réclamaient sa tête se sont résignés à le voir de retour. Parce que dans une attaque atone face aux Socceroos, les entrées conjuguées de Blaise Matuidi et du Rossonero de Milan ont sauvé la prestation des Tricolores.

Aujourd'hui, Giroud est un attaquant qui roule sa bosse dans des clubs de choix en Europe. Pas une machine à enfiler les buts tous les week-ends, mais qui répond toujours présent pour mettre ses deux dizaines dans une saison. Un titulaire jusqu'à longtemps indiscutable aux yeux de Didier Deschamps : « C'est quand il n'est pas là que l'on se rend compte de toute l'importance qu'il a pour l'équipe. » Une relation forte mise à mal avec le retour en grâce de Karim Benzema dans la maison bleue et le peu de liaison dans le jeu avec Kylian Mbappé.

Dans tous les clubs où il passe, Giroud score. On le pense moins performant, il termine meilleur buteur de la Ligue Europa. Détonateur en finale et impliqué sur trois buts face à son ancien club, il réussit à Chelsea et laisse des regrets du côté d'Arsenal. Il découvre la Série A, le Milan remporte son dix-neuvième titre de champion ! Ses choix de carrière lui ont permis de s'installer en bleu dans des proportions au-delà des attentes. Membre du club très fermé des plus de cent sélections et avec en ligne de mire le record de buts en équipe de France de Thierry Henry, le Milanais a son rond de serviette à la table des plus grands joueurs de la sélection. Giroud est un éternel incompris et sous-côté, en partie parce qu'il n'a pas le profil de l'attaquant moderne, dribbler ou sprinter. Mais il marque l'histoire et ça, c'est réservé aux plus grands !

LE SAVIEZ-VOUS ?

Avant la finale de la Ligue Europa, Olivier Giroud prépare un sous-maillot avec écrit dessus « Freedom in Christ » pour témoigner de sa foi. Mais la finale a lieu à Baku en Azerbaïdjan, pays à majorité musulmane. Soucieux de ne froisser personne, il renonce à cette initiative et prévoit de se recueillir avant le match avec son coéquipier, David Luiz. Finalement, la prière se fera sur le terrain les genoux à terre juste après l'ouverture du score signé Giroud. Un moment intense pour le héros du match qui ne célébrera pas son but par respect pour son ancienne équipe d'Arsenal.

SON C.V.

NÉ le 30 septembre 1986 à Chambéry
TAILLE : 1,92 m / **POSTE :** attaquant

PARCOURS PROFESSIONNEL : Grenoble, Istres, Tours, Montpellier, Arsenal, Chelsea, AC Milan

PALMARÈS : Championnat d'Italie (2022) ; Ligue des Champions (2021) ; Ligue Europa (2019) ; Coupe du monde (2018) ; Coupe d'Angleterre (2014, 2015, 2017, 2018) ; Community Shield (2014, 2015, 2017) ; Championnat de France (2012)

Serge GNABRY

ALLEMAGNE

Faut pas l'énerver, ce bon Serge ! L'Angleterre ne l'a pas vraiment choyé lors de son passage en Premier League, alors il se venge sur tous les clubs anglais qui se présentent sur son passage. Sur le terrain de Tottenham, le Bayern colle un 7-2 aux Spurs, dernier finaliste de la compétition, avec un Gnabry intenable qui marque quatre buts. Inscrire un quadruplé en Ligue des champions, ça n'est pas donné à tout le monde, mais remettre ça quelques mois plus tard face à Chelsea, c'est une nouvelle punition que les fans anglais ne sont pas près de digérer !

Ce Gnabry, Chelsea l'avait déjà vu par le passé. Enfin, était-ce vraiment le même joueur ? Celui que les Blues avaient croisé ne semblait pas si mature, pas si décisif, pas si fort. Arrivé à Arsenal à 16 ans, le bonhomme découvre Londres en devenant le troisième plus jeune joueur à être lancé en Premier League chez les Gunners (derrière Jack Wilshere et Cesc Fàbregas). Il ne joue pas beaucoup et reste muet dans la capitale londonienne durant neuf rencontres. Un prêt peu convaincant à West Bromwich Albion, retour à la case départ et avenir incertain. Arsène Wenger se lasse et ne croit plus en son poulain. Les chiffres ne plaident pas en faveur de Gnabry. Avec les Gunners depuis 2012, il n'a joué que 18 matchs, pour un but.

Bye-bye Arsenal, Gnabry retourne d'où il vient. Pas dans sa ville natale de Stuttgart, mais dans un club à la recherche de son passé glorieux : le Werder Brême. Un mariage de raison plus que de passion, mais qui a le mérite de faire décoller la carrière du jeune Allemand. Il impressionne son monde et la Bundesliga jusqu'à signer au Bayern pour 8 millions d'euros et s'y imposer. L'après-Franck Ribéry et Arjen Robben paraît assuré dans les couloirs de l'Allianz Arena. La jeunesse a pris le pouvoir et la patte gauche de Gnabry fait des étincelles. À 25 ans, c'est de loin la meilleure saison de sa carrière. Et en sélection, il fait partie du vent nouveau qui souffle sur la Mannschaft. Un triplé pour sa première sous les ordres de Joachim Löw. Bon, certes, face à Saint-Marin, mais depuis Dieter Muller en 1976, personne n'avait fait aussi bien pour sa première sélection.

LE SAVIEZ-VOUS ?

Gnabry célèbre ses buts en faisant le geste de tourner une petite cuillère dans une tasse. Après avoir intrigué la Bundesliga, il a révélé sa source d'inspiration : « Je suis un grand fan de la NBA, et particulièrement de James Harden. » Le meneur des Houston Rockets fête ses paniers décisifs dans le money time *avec ce petit geste* « stir the pot », *qui signifie : « Ce qui est dans ma tasse est vraiment très chaud ! Comme moi sur le terrain. »*

SON C.V.

NÉ le 14 juillet 1995 à Stuttgart (Allemagne)
TAILLE : 1,75 m / **POSTE :** milieu de terrain

PARCOURS PROFESSIONNEL : Stuttgart, Arsenal, West Bromwich Albion, Werder Brême, Hoffenheim, Bayern Munich

PALMARÈS : championnat d'Allemagne (2019, 2020, 2021, 2022) ; Ligue des champions et Coupe du monde des clubs (2020) ; Coupe d'Allemagne (2019, 2020) ; Supercoupe d'Allemagne (2018) ; Coupe des confédérations (2017) ; Community Shield (2015 et 2016) ; Coupe d'Angleterre (2014 et 2015)

Jack GREALISH

ANGLETERRE

Tout au long de son adolescence, Jack Peter Grealish a entonné l'hymne de son pays d'origine. L'Irlande, la terre de ses aïeux, il en a fièrement porté le maillot vert qui colle à la peau. Mais, en septembre 2015, le phénomène de Birmingham a finalement choisi d'enfiler la tunique blanche des Three Lions.

Dès l'âge de 6 ans, il rejoint l'académie d'Aston Villa, le grand club local. Si ses camarades jouent des coudes sur chaque ballon pour s'imposer, lui esquive et fait en sorte de contourner les obstacles. Doté d'une technique à part, le petit Jack, c'est de la graine de champion ! Influencé par son héritage celte, il joue en parallèle au foot gaélique. Au pays des « manchots », il n'a encore que 16 ans quand il intègre le groupe pro des Villans. Cependant, face à la concurrence, Grealish accepte un prêt du côté de Notts County, alors en League One (la D3 anglaise). En décembre 2013, après avoir séché trois défenseurs par des dribbles venus d'ailleurs, il inscrit son premier but en pro contre Gillingham.

Joueur polyvalent, ce créateur, roi de l'improvisation, peut aussi bien servir de relayeur qu'assurer un rôle de meneur ou servir de piston sur l'aile gauche. À chacune de ses prises de balle, il accélère puis fluidifie le jeu. Un an plus tard, c'est le grand jour : contre Manchester City, le nouveau « Chris Waddle » du foot anglais, revenu à Aston Villa, débute en Premier League. En mai 2015, Jack Grealish découvre même la pelouse de Wembley, lors de la finale de la *FA Cup*, mais Arsenal fait parler la poudre (4-0).

Plus concentré ensuite, la petite merveille claque, en octobre 2019, après la remontée d'Aston Villa au sein de l'élite, son premier but en championnat contre Norwich City (5-1). En septembre 2020, il débute chez les A contre le Danemark (0-0). Puis Grealish enchaîne jusqu'à l'Euro avec, en conclusion, la finale lâchée aux tirs au but contre l'Italie. Quelques jours plus tard, son transfert record à Manchester City, pour 117 millions d'euros, devient le plus cher de l'histoire de la Premier League, résumant parfaitement le niveau atteint par le funambule de Birmingham.

LE SAVIEZ-VOUS ?

À croire que le plus haut niveau dans le football se trouve dans les gènes de la famille de Jack Grealish : son arrière-grand-père, Billy Garrety, honorable attaquant d'Aston Villa, a remporté la Coupe d'Angleterre... en 1905 ! Ce jour-là, au stade de Crystal Palace devant plus de 100 000 supporters, le club phare de Birmingham était venu de Newcastle United (2-0). Et c'est là que son aïeul reçut le trophée.

SON C.V.

NÉ le 10 septembre 1995 à Birmingham
TAILLE : 1,75 m / **POSTE :** milieu de terrain

PARCOURS PROFESSIONNEL : Notts County, Aston Villa, Manchester City

PALMARÈS : Championnat d'Angleterre (2022)

Antoine GRIEZMANN

FRANCE

Antoine Griezmann est-il français ? Sur sa pièce d'identité, il est bien écrit : « Né à Mâcon le 21 mars 1991 », mais c'est un pur produit du foot espagnol. Recalé par les centres de formation hexagonaux, il est exfiltré à Saint-Sébastien, au Pays basque, dès 13 ans par Éric Olhats, propulsé « découvreur de talents », qui devient avec le temps une sorte de père de substitution.

À la Real Sociedad, on apprécie sa qualité technique rejetée par un système français friand de grands costauds. Griezmann n'a jamais disputé une seule minute d'un match en Ligue 1 ; son terrain de jeu, ce sera la Liga. Contraint à l'exil dans une Espagne qui magnifie les manieurs de ballon, il travaille ses gammes au Pays basque. Il commence à se faire un nom sous les ordres de Philippe Montanier à la Sociedad et explose comme star mondiale sous la coupe de Diego Simeone à l'Atlético de Madrid. La France, il se rappelle à elle avec les Bleuets et Clairefontaine.

De retour au pays, l'Espagnol d'adoption continue d'empiler les buts et comme une évidence, en mars 2014, Didier Deschamps le convoque chez les grands et lui offre sa première sélection face aux Pays-Bas. Deux mois plus tard, son nom n'est même plus une surprise dans la liste des 23 qui s'envoleront pour le Brésil pour sa première Coupe du monde. Antoine Griezmann débute sur le sol brésilien son histoire d'amour avec l'équipe de France et un sélectionneur qui lui confiera les clés de l'attaque des Bleus. En larmes suite à l'élimination en quart de finale face à l'Allemagne, il devient deux ans plus tard le meilleur buteur de l'Euro 2016 avec ses six buts. Pas encore assez pour décrocher le titre face au Portugal au Stade de France !

Mais une fois encore, « Grizi » repart au combat et en 2018, il triomphe en Ligue Europa (un doublé en finale face à l'OM) ; deux mois plus tard, il soulève la Coupe du monde en Russie. Cette année-là, il mérite le Ballon d'or, mais le Croate Luka Modrić est plébiscité. Après un passage au Barça, retour à la casa Simeone ! L'air madrilène a fini par lui manquer.

LE SAVIEZ-VOUS ?

Énième preuve des failles du système de la formation française, Antoine Griezmann est passé entre les mailles du filet étant gamin. Testé à peu près partout dans l'Hexagone, il n'a jamais convaincu, et ce pour une seule raison : sa taille. Principal regret dans le camp Griezmann : le FC Metz, dont les dirigeants lui avaient promis un contrat, puis se sont rétractés. « On ne va pas prendre votre fils parce qu'il est trop petit », ont-ils finalement balancé au papa. Grosse erreur...

SON C.V.

NÉ le 21 mars 1991 à Mâcon (France)
TAILLE : 1,75 m / **POSTE :** attaquant

PARCOURS PROFESSIONNEL : Real Sociedad, Atlético de Madrid, FC Barcelone, Atlético de Madrid

PALMARÈS : Ligue des nations (2021) ; Coupe d'Espagne (2021) ; Coupe du monde (2018) ; Supercoupe d'Europe (2018) ; Ligue Europa (2018) ; Meilleur buteur Euro (2016) ; Supercoupe d'Espagne (2014)

Ilkay GÜNDOGAN

ALLEMAGNE

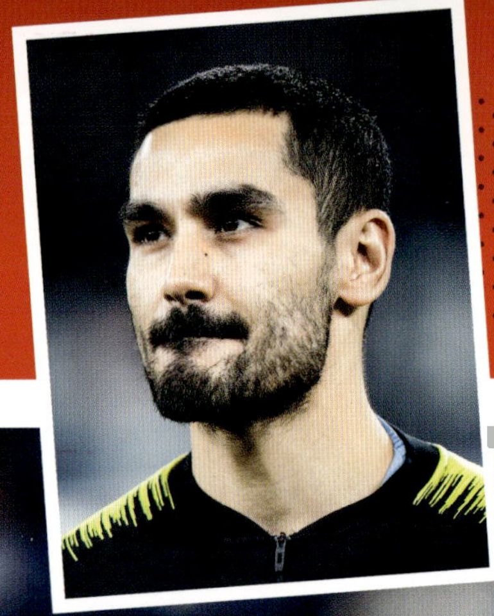

La colonne vertébrale, c'est vital. Surtout pour un sportif de haut niveau. Ilkay Gündogan l'a appris à ses dépens à l'automne 2012. Lors d'une sortie internationale, il se réceptionne mal et passe une nuit en enfer. L'IRM révèle une infection des racines nerveuses au niveau des vertèbres. Le coup est rude pour ce piston de l'entrejeu qui, à seulement 22 ans, souffre atrocement. À la surprise générale, il part se faire soigner en Crimée, du côté de l'Ukraine. « Ma cousine volleyeuse a souffert de la même blessure. Elle a été bien soignée là-bas », justifie l'international allemand, d'origine turque.

Issu de Gelsenkirchen, en pleine Ruhr, il effectue logiquement ses premiers pas sur le gazon à Schalke 04, le grand club local. Puis, adolescent, il rejoint son demi-frère Paul Johar au VfL Bochum pour parfaire sa formation. Ilkay Gündogan a alors la réputation d'un « playmaker » outre-Rhin. Meneur de jeu au talent inné, il crée le jeu et distribue à merveille, géomètre expert en passes somptueuses, bénéficiant d'une vision panoramique et d'un sens de la percussion uniques. Bref, il est la plaque tournante de son équipe. Si certains le jugent lent, en raison de son gabarit massif, le défaut ne semble pas faire reculer Jürgen Klopp. Alors entraîneur du Borussia Dortmund, le technicien a son idée concernant Gündogan. Il fait reculer d'un cran cet accélérateur de particules dans le cœur du jeu et en fait un milieu relayeur de renom.

À l'automne 2011, Joachim Löw craque à son tour et le sélectionne au sein de la Nationalmannschaft. Après cinq saisons sur les bords du Rhin, Gündogan opte pour Manchester City en juin 2016. Une bonne affaire pour les Sky Blues et Pep Guardiola qui enrôlent l'un des meilleurs spécialistes du poste sur le continent pour seulement 25 millions d'euros. « Il est tellement malin qu'il comprend le jeu à merveille. Il sait à chaque action ce qui est le mieux pour le groupe. » Installé chez les Citizens, le cerveau allemand a de beaux jours devant lui, si son dos le laisse en paix...

LE SAVIEZ-VOUS ?

Le coup de tonnerre déclenché en mai 2021 par des géants du football européen, tous désireux de créer une Super League, a été peu dénoncé par ses principaux acteurs. Les footballeurs ont été discrets... sauf Ilkay Gündogan, l'un des rares à s'exprimer sur ce projet : « Certains veulent toujours plus de matches. Quelqu'un pense-t-il à nous, les joueurs ? Le format actuel de la Ligue des champions fonctionne très bien et c'est pour cela qu'elle plaît ».

SON C.V.

NÉ le 24 octobre 1990 à Gelsenkirchen
TAILLE : 1,80 m / **POSTE :** milieu de terrain

PARCOURS PROFESSIONNEL : FC Nuremberg, Borussia Dortmund, Manchester City

PALMARÈS : Ligue des champions (2021) ; championnat d'Angleterre (2018, 2019, 2021, 2022) ; Coupe d'Angleterre (2019) ; Coupe de la League (2018, 2019, 2020, 2021) ; championnat d'Allemagne et Coupe d'Allemagne (2012)

Erling Braut HAALAND

NORVÈGE

Devant l'infernale courbe de croissance du jeune homme, le staff médical de Molde, le club norvégien où Erling Braut Haaland joue alors, le met au repos forcé. La pépite n'a alors que 17 ans, mais possède déjà un potentiel hors norme. D'autant plus atypique que le Viking au visage poupin a grandi au Royaume-Uni, où son père, Alf-Inge Haaland, a été footballeur professionnel de Nottingham Forest à Manchester City, en passant par Leeds, où le futur crack est né.

Sur le pré, le petit dernier débute chez les grands dès l'âge de 15 ans, du côté du Bryne FK, lors d'un modeste match de Coupe de Norvège. Il effectue un essai en Allemagne, plus précisément au TSG Hoffenheim, mais les dirigeants du Bade-Wurtemberg refusent au diamant norvégien des émoluments en dehors de leur grille de salaires habituelle. Alors, Erling Braut Haaland débute en pros le 1er février 2017 avec Molde, son club protecteur, entraîné alors par Ole Gunnar Solskjær, futur coach de Manchester United.

En août 2018, il est recruté par le Red Bull Salzbourg, mais il n'atterrit en Autriche que six mois plus tard. Là, c'est l'explosion du prodige. Tout s'emballe à la reprise de la saison à l'automne 2019. Sous le prisme de la Ligue des champions, le grand public découvre le « Duduche » norvégien, dont la dégaine de sémaphore désarticulé ne correspond en rien aux qualités de buteur dont il fait preuve. En six matchs de C1, Haaland claque huit buts, dont un triplé dès son premier match contre le KRC Genk (6-2), mais aussi contre Liverpool et Naples. Dans le championnat autrichien, le Gulliver norvégien a inscrit plus de buts (29) qu'il n'a disputé de matchs (27). Le Borussia Dortmund fait main basse, en décembre 2019, sur le phénomène. Pour son premier match en Bundesliga, le 18 janvier 2020, il entre en jeu à la 56e minute, alors que les Schwarzgelben sont menés (1-3) par le FC Augsbourg. En vingt-trois minutes chrono, sans pression particulière, il réussit un triplé et le Borussia l'emporte (5-3). Fan de City depuis sa tendre enfance, le nouvel attaquant des Skyblues rejoint la bande à Guardiola en 2022. Les défenses anglaises peuvent trembler…

LE SAVIEZ-VOUS ?

Fervent pratiquant de la méditation, Erling Braut Haaland s'adonne régulièrement au yoga. C'est d'ailleurs de cette discipline qu'il a tiré sa célébration après avoir marqué : il s'assoit, jambes croisées et mains ouvertes, dans la posture appelée Siddhasana. Lors du Mondial U20, en mai 2019, il n'a pas abusé de cet usage, après avoir planté 9 buts au Honduras avec les jeunes Norvégiens (victoire 12-0) !

SON C.V.

NÉ le 21 juillet 2000 à Leeds (Angleterre)
TAILLE : 1,94 m / **POSTE :** attaquant

PARCOURS PROFESSIONNEL : Bryne FK, Molde FK, RB Salzbourg, Borussia Dortmund, Manchester City

PALMARÈS : Coupe d'Allemagne (2021) ; championnat d'Autriche (2019)

Achraf HAKIMI

MAROC

Être formé au Real Madrid n'est pas une garantie pour une place au soleil. Le club merengue empile les stars et importe plus qu'il n'exporte. Achraf Hakimi part de loin ! Du Maroc par ses parents et de Getafe, dans la banlieue madrilène, où sa famille s'est installée. À l'âge de 7 ans, il ouvre une première porte, celle du centre de formation du Real Madrid. Son modèle est un chevelu brésilien à l'accent portugais et aux chevauchées fantastiques dans son couloir gauche. Hakimi a pour idole Marcelo et rêve un jour d'évoluer à ses côtés. Timide et persévérant, le Marocain croit en sa bonne étoile et refuse d'aller voir si la pelouse est plus verte ailleurs qu'à Madrid. Ce sera plus dur de percer avec la Castilla, eh bien tant pis. Il espère taper dans l'œil de notre Zizou national, qui n'oublie jamais de jeter un regard dans la pépinière de la Maison blanche.

Hakimi ne manque ni de cran ni de talent. Il accélère le pas à un âge où ses copains de la formation attendent patiemment leur tour. Les classes grimpées deux par deux, l'Hispano-Marocain se retrouve à faire la préparation estivale avec les pros, alors qu'il n'a pas encore l'âge de conduire une voiture. Rapide et technique, son style offensif séduit Zinédine Zidane. Le coach madrilène n'hésite pas à le convoquer pour des entraînements avec la bande à Ronaldo, avant de le jeter dans le grand bain à 19 ans. Une hécatombe de blessures à son poste le fait passer de l'anonymat le plus complet à titulaire au poste de latéral droit.

Premier Marocain à porter la tunique du Real Madrid en match officiel, il marque son premier but chez les professionnels sur la pelouse du Bernabéu. Servi par Karim Benzema, Achraf ouvre son compteur personnel. Plus rien ne lui résiste. Il devient le premier Lion de l'Atlas à soulever la coupe aux grandes oreilles. Le réveil promet d'être brutal. Le départ surprise de Zidane du Real ne fait pas son affaire. Son statut de titulaire ne résiste pas aux retours des blessés. Dortmund flaire le bon coup et se fait prêter le joueur. Il est finalement transféré à l'Inter Milan puis au Paris Saint-Germain en 2021. La saga Hakimi est loin d'être terminée…

LE SAVIEZ-VOUS ?

Alors que le Real Madrid cherchait une porte de sortie pour son jeune joueur en 2018, l'OM s'est renseigné sans trop insister. Le directeur sportif de l'époque, Andoni Zubizarreta, mène les premières approches, mais la piste est vite abandonnée. Achraf est perçu comme trop jeune et pas assez physique pour la Ligue 1. Finalement, il s'impose à Dortmund en Bundesliga comme l'un des meilleurs du monde à son poste. Il est désormais hors de prix pour l'OM, et c'est son rival le PSG qui est sur les rangs pour l'attirer.

SON C.V.

NÉ le 4 novembre 1998 à Madrid (Espagne)

TAILLE : 1,82 m / **POSTE :** défenseur

PARCOURS PROFESSIONNEL : Real Madrid, Borussia Dortmund, Inter Milan, Paris SG

PALMARÈS : championnat de France (2022) ; championnat d'Italie (2021) ; Supercoupe d'Allemagne (2019) ; Supercoupe d'Espagne (2018) ; Supercoupe UEFA (2018) ; Ligue des champions (2017, 2018) ; championnat d'Espagne (2017) ; Mondial des clubs (2017)

Kai HAVERTZ

ALLEMAGNE

En pleine crise sanitaire et financière, les cadors du foot européen réfléchissent à deux fois avant de faire des folies sur le marché des transferts. Mais une exception peut confirmer la règle ! Elle s'appelle Kai Lukas Havertz et les Blues de Chelsea ne tergiversent pas pour s'offrir cet Allemand prometteur. Plus jeune débutant du Bayer Leverkusen en Bundesliga, à l'âge de 17 ans et 126 jours, ses performances et sa précocité dépassent rapidement les frontières. Grand, technique et doté d'une excellente vision du jeu, Havertz sait tout faire. Le prix du phénomène a de quoi refroidir, mais le club londonien paye les 80 millions demandés par le Bayer Leverkusen pour ce jeune international de 21 ans. Bonne pioche ? L'avenir ne va pas tarder à le dire...

L'action se déroule à l'Estadio do Dragao de Porto, soir de finale de la Ligue des champions 2021, en fin de première mi-temps. Bien lancé par Mount, Havertz ne tremble pas devant Ederson et glisse le ballon dans la cage vide de Manchester City. En inscrivant là son tout premier but, il devient le héros inattendu des Blues. L'unique réalisation de la rencontre pour la deuxième coupe aux grandes oreilles de son histoire pour Chelsea. Un spectaculaire *happy end* d'une saison particulièrement éprouvante pour Kai Havertz. Taxé de joueur le plus cher du mercato estival 2020, l'attente est énorme et chaque apparition est scrutée à la loupe. Tout au long de la saison, pas une question sans lui rappeler son coût. L'Allemand encaisse et désamorce : « Évidemment que c'est un gros transfert, mais je pense que c'est normal dans le football actuel de débourser de telles sommes. Donc ça ne me met pas trop de pression, parce que je ne joue pas bien ou mal à cause du prix de mon transfert. »

Le déclic, une histoire d'hommes ! L'arrivée de son compatriote Thomas Tuchel sur le banc de touche en remplacement de Frank Lampard va lancer sa saison. Comme l'ensemble de l'équipe, Havertz est métamorphosé et revient progressivement dans le onze jusqu'à débuter la fameuse finale contre City comme titulaire. « Havertz a des qualités. Il a besoin de les montrer, c'est aussi simple que ça ! » Pour Tuchel, le football, c'est simple comme Kai Havertz !

LE SAVIEZ-VOUS ?

Si c'est avec son grand-père Richard qu'il a touché ses premiers ballons, c'est pour faire comme son grand frère qu'il a goûté à la musique. Guitare pour l'aîné, Kai joue ses premières notes sur le piano de sa grand-mère et attrape le virus. Aujourd'hui, il continue sur son temps libre de jouer ses mélodies préférées. Un moyen de décompresser et d'éviter les fausses notes dans sa carrière.

SON C.V.

NÉ le 11 juin mai 1999 à Aachen

TAILLE : 1,86 m / **POSTE :** attaquant

PARCOURS PROFESSIONNEL : Bayer Leverkusen, Chelsea FC

PALMARÈS : Ligue des Champions (2021) ; Supercoupe d'Europe (2021) ; Mondial des Clubs (2021)

Eden HAZARD

BELGIQUE

Un petit coup dans le cornet, ça n'empêche pas d'inscrire un triplé. Même si l'alcool est à consommer avec modération, Eden Hazard aurait pu en faire son adage. À la veille de disputer son dernier match avec le LOSC, en mai 2012, il organise une petite fête avec ses partenaires. La nuit arrosée n'en finit plus, et le stratège belge ne ferme pas l'œil une seule seconde. Grisé par son contrat signé à Chelsea, il entre sur la pelouse contre Nancy limite en état d'ébriété et marque cependant trois buts à l'ASNL. L'exemple n'est certes pas à suivre, mais c'est dire le talent du garçon. Le protégé des Dogues peut partir du Nord avec la satisfaction du travail accompli.

Un an plus tôt, par ses exploits, Hazard a notamment permis aux Lillois de réaliser le doublé, alors que le club était vierge de tout palmarès depuis les années 1950. Fin de la belle histoire pour ce gamin débarqué au domaine de Luchin à seulement 14 ans de sa Belgique natale. Pourtant repéré à 13 ans par Anderlecht, le grand club bruxellois, Eden intègre finalement l'école lilloise sur décision parentale. En raison de la proximité géographique, l'intégration du petit génie ne pose aucun problème. D'autant que le gamin est un amoureux du jeu tricolore.

Fan de Zinédine Zidane (qu'il retrouve cette saison comme coach au Real !), enfant, avec ses deux petits frères, Thorgan et Kylian, Eden enfile fièrement la tunique des Bleus champions du monde 1998. La photo trône encore au sein du foyer familial à Braine-le-Comte, chez Carine et Thierry. Après les gammes sur le terrain, Eden Hazard se délecte à la télé des gestes de son autre idole, Thierry Henry, alors star à Arsenal. Le jeune Belge s'inspire des fameux plats du pied de l'ancien Gunner. Des gestes qu'il reproduira à merveille, lui aussi à Londres, mais plutôt du côté de Chelsea à partir de 2012. Avec les Blues, il devient un taulier et amène un supplément d'âme technique aux Lions londoniens. Pour son dernier match avec le fameux maillot bleu, en mai 2019, Hazard s'offre un doublé d'adieu lors de la finale de la Ligue Europa, disputée à Bakou contre le voisin, Arsenal (4-1). Mais on évitera le champagne ce coup-ci...

LE SAVIEZ-VOUS ?

En janvier 2013, lors d'une demi-finale de League Cup à Swansea, Eden Hazard écope du premier carton rouge de sa carrière professionnelle de façon bien cocasse. Chelsea est alors sur le point d'être éliminé. En voulant récupérer un ballon sorti des limites le plus vite possible, le Belge bouscule le jeune Charlie Morgan, ramasseur de balles ce soir-là. L'arbitre expulse le meneur de jeu des Blues pour ce mauvais geste ! Eden Hazard s'excusera après coup.

SON C.V.

NÉ le 7 janvier 1991 à La Louvière (Belgique)
TAILLE : 1,73 m / **POSTE :** milieu de terrain

PARCOURS PROFESSIONNEL : Lille OSC, Chelsea FC, Real Madrid

PALMARÈS : Ligue des champions (2022) ; Supercoupe d'Espagne (2020) ; championnat d'Espagne (2020, 2022) ; Coupe d'Angleterre (2018) ; championnat d'Angleterre (2015, 2017) ; Coupe de la League (2015) ; Ligue Europa (2013, 2019) ; championnat de France et Coupe de France (2011)

Jordan HENDERSON

ANGLETERRE

En mécanique, un rouage brille moins qu'un cylindre pour faire pétarader le moteur sous le capot. Mais sans cette pièce indispensable, impossible de démarrer ! Dans le football, c'est la même chose. Au cœur de la machine rouge, lancée plein pot jusqu'au titre historique et fêté comme il se doit, Jordan Henderson brille. Le général en chef des Reds n'est pas un prétendant au ballon d'or, mais « captain Henderson » est à la tête d'une troupe exceptionnelle, peut-être ce qui se fait de mieux sur les terrains d'Europe en ce moment. Aussi bien en club qu'en sélection anglaise, le solide gaillard attire enfin une forme de reconnaissance.

Après des années de remise en cause, c'est l'état de grâce. Henderson fait l'unanimité à son poste. Le porte-brassard de Liverpool n'est pas le meilleur milieu d'Angleterre en chiffres. On trouve mieux sur le plan offensif ou défensif. Mais combien de milieux de terrain peuvent revendiquer d'être classés parmi les meilleurs dans des catégories différentes ? Henderson est de cette trempe. Son leadership, son rôle tactique, son impact dans les duels font voler en éclats les travaux des analystes du jeu.

L'influence du grand blond à la mâchoire carrée échappe aux formats standards et ne se mesure pas à coups de données statistiques. La catégorie « mouiller le maillot » pourrait être inventée pour lui. Avec Henderson, on peut partir au combat les yeux fermés. Le parfait relais pour un entraîneur. Le vent a donc tourné. Fini le temps des débuts timides avec Sunderland à se faire les dents, en prêt, sur les pelouses grasses de Coventry pour gagner du temps de jeu. Le combattant aux airs de soldat romain est devenu un centurion. Une personnalité fédératrice, respectée et reconnue. Mieux encore, l'ancien Black Cat a triomphé là où l'enfant de la ville, Steven Gerrard, a trébuché. Il ramène sur les bords de la Mersey un trophée qui échappe aux Reds depuis trente ans. Jordan, un nom de star pour un prénom. Une première danse d'une longue série ?

LE SAVIEZ-VOUS ?

Quelques minutes après avoir brandi la coupe aux grandes oreilles de la Ligue des champions, le capitaine des Reds craque dans les bras de son père. Au bord de la pelouse, père et fils sont restés de longues secondes enlacés, fondant en larmes au milieu des photographes accrédités. Atteint d'un cancer de la gorge en 2013, le paternel refuse de voir son fils durant sa chimiothérapie, mais il est bien présent pour assister au sacre européen de son rejeton à Madrid. Le tout au son du célèbre « You'll never walk alone »*... La scène la plus émouvante du match.*

SON C.V.

NÉ le 17 juin 1990 à Sunderland (Angleterre)
TAILLE : 1,82 m / **POSTE :** milieu de terrain

PARCOURS PROFESSIONNEL : Sunderland, Coventry City, Liverpool FC

PALMARÈS : Coupe d'Angleterre (2022) ; championnat d'Angleterre (2020) ; Ligue des champions (2019) ; Supercoupe UEFA (2019) ; Mondial des clubs (2019) ; Coupe de la League (2012, 2022)

Lucas HERNANDEZ

FRANCE

C'est l'invité surprise qui ne mégote pas sur les petits cadeaux pour se faire adopter par ses hôtes. À trois mois de la Coupe du monde en Russie, on pense à Layvin Kurzawa, à Lucas Digne ou à Jordan Amavi pour remplacer, au poste de latéral gauche chez les Bleus, un Benjamin Mendy fraîchement opéré des ligaments croisés du genou droit. L'entrée en jeu de Hernandez contre la Colombie, malgré la défaite au Stade de France (2-3) en mars 2018, permet au jeune Madrilène de montrer son potentiel au public français. « Loukass » n'a vraiment rien à perdre en sélection. Sans pression, il se fond dans le groupe tricolore. Et séduit son sélectionneur.

Didier Deschamps l'a persuadé, quelques semaines auparavant, de rejoindre le groupe France, mais surtout l'a conjuré de ne pas donner suite à ses velléités de répondre à l'invitation de la Fédération ibérique. « Quand je dis que l'Espagne m'a tout donné, personnellement et professionnellement, c'est une vérité, insiste le natif de Marseille. J'y ai fait toute ma carrière de footballeur jusqu'alors. Sans exclure le fait que je parle mieux espagnol. Mais cela n'empêche pas que mon pays, c'est la France ! »

Adoubé, le Castillan d'adoption ne sortira plus de la caste bleue avec, au summum de ces débuts fracassants, le titre suprême décroché à Moscou. Dès sa 12e sélection ! Comme en match, Lucas Hernandez est un acharné à l'entraînement. La « Desch » apprécie ses séances intenses. Le latéral gauche de l'Atlético dispose d'un « vice » apprécié par le patron des Bleus et son adjoint, Guy Stephan. Avec un tel pitbull, les garanties défensives sont assurées.

Formé et forgé à la dure école des Colchoneros, Lucas Hernandez fait preuve d'un mental et d'une discipline tactique (très) au-dessus de la moyenne. En Liga, les spécialistes le citaient systématiquement au moment de composer l'équipe type. Et, à l'été 2019, quand il débarque au Bayern Munich, c'est avec une solide estime du public allemand. Avec de telles qualités, « Loukass » semble avoir signé un long bail avec les Bleus, mais aussi au Bayern.

LE SAVIEZ-VOUS ?

Son frère Theo est né, tout comme lui, à Marseille et a été formé à l'Atlético. Prêté à la Real Sociedad en 2018, le cadet évolue également au poste de latéral gauche. Ancien défenseur à Toulouse, à Sochaux puis à l'OM, le papa, Jean-François Hernandez, a aussi joué en Liga (Compostela, Rayo Vallecano, Atlético) entre 1998 et 2002. En proie à de graves difficultés financières, le paternel a fui l'Espagne en 2004, sans laisser d'adresse. Sa trace se serait perdue du côté de la Thaïlande…

SON C.V.

NÉ le 14 février 1996 à Marseille (France)
TAILLE : 1,83 m / **POSTE :** défenseur

PARCOURS PROFESSIONNEL : Atlético de Madrid, Bayern Munich

PALMARÈS : Ligue des nations (2021) ; Ligue des champions et Coupe du monde des clubs (2020) ; championnat d'Allemagne (2020, 2021, 2022) ; Coupe d'Allemagne (2020) ; Coupe du monde (2018) ; Ligue Europa (2018)

Théo HERNANDEZ

FRANCE

Un Hernandez peut en cacher un autre ! Vous connaissez Lucas, vous allez adorer Théo ! La même hargne, la même soif de vaincre et le même maillot bleu frappé du coq. Théo Hernandez marche dans les pas de son aîné et la défense de l'équipe de France est squattée à cinquante pour cent par la même famille. Rien ne semble résister au cadet. Il n'y a qu'à demander du côté des tifosis rossoneri pour comprendre la cote d'amour de l'arrière gauche de l'AC Milan. Indiscutables et indispensables aux côtés des Ibrahimovic et stars italiennes locales, ses coups de canon gagnants ont permis à l'ancien club de Silvio Berlusconi de retrouver son lustre d'antan. Théo Hernandez glisse sur les obstacles et tout ce qui gravite autour de lui.

Actuellement, tout va plutôt bien pour lui. C'est souvent lorsqu'il est en vacances, en Espagne, que la carrière du cadet des Hernandez bascule. La première fois, c'était sur la Costa del Sol, à Marbella, en juin 2017. Théo Hernandez préfère le soleil et les plages au rassemblement des Espoirs de Sylvain Ripoll. « J'ai fait une erreur de jeunesse, on va dire aussi qu'on ne m'avait pas poussé à y aller, que certaines personnes espéraient peut-être que je choisisse l'Espagne... Il y avait mon transfert au Real qui se négociait à ce moment-là. Ça, plus ça, plus ça... Mais j'ai fait une erreur. » Une bêtise, avouée et rapidement pardonnée.

La deuxième fois est un peu plus glorieuse. La scène se passe dans la chaleur d'Ibiza. Un rendez-vous avec une légende, Paolo Maldini, l'actuel directeur technique de Milan, va tout changer. Dans le bon sens, cette fois. Tout s'accélère, Théo signe pour s'installer comme titulaire dans l'arrière-garde milanaise. Au-delà de ses réalisations, qui font du bien sur un plan comptable, sa percussion, sa technique et ses qualités athlétiques font de lui un incontournable du onze de Stefano Pioli. Sa capacité à répéter les efforts et les montées offensives, notamment dans les dernières minutes des matchs, impressionnent. Forcément, les louanges pleuvent à tel point que le natif de Marseille se fait une place dans le onze de la phase aller en Serie A. Une adaptation express qui ne peut laisser personne indifférent, y compris Didier Deschamps.

LE SAVIEZ-VOUS ?

La présentation au public est un moment connu pour en « mettre plein les yeux aux fans du club » mais peut aussi se révéler gênante si la technique n'est pas au rendez-vous. L'ex-latéral gauche du Real Madrid Théo Hernandez en a fait l'amère expérience. Présenté officiellement au stade Santiago Bernabeu, le jeune Français s'est livré à la traditionnelle séance photo devant la presse avant d'entreprendre quelques jongles. Et ça ne s'est pas passé comme prévu. Théo n'est pas parvenu à dépasser... les six jongles. Un raté heureusement sans conséquence pour la suite !

SON C.V.

NÉ le 6 octobre 1997 à Marseille

TAILLE : 1,84 m / **POSTE :** défenseur

PARCOURS PROFESSIONNEL : Atlético de Madrid, Alavés, Real Madrid, Real Sociedad, AC Milan

PALMARÈS : Championnat d'Italie (2022) ; Ligue des Nations (2021) ; Supercoupe d'Espagne (2017) ; Ligue Europa (2013, 2019) ; championnat de France et Coupe de France (2011)

Zlatan IBRAHIMOVIĆ

SUÈDE

On l'imaginait en préretraite dorée du côté de la Californie, à palper sur Venice Beach les millions de dollars lâchés par le Los Angeles Galaxy. Mais l'amour de la haute compétition a été le plus fort. À 38 ans, Zlatan Ibrahimović a craqué : les sirènes du football européen lui ont susurré une douce mélodie à laquelle le géant suédois n'a pu résister. Et sept ans et demi après un premier passage à l'AC Milan, son retour chez les Rossoneri en décembre 2019 a mis en émoi toute une Italie à la recherche de ses héros d'antan. Quant au buteur scandinave, au terme d'une carrière de plus de vingt ans sur les pelouses, la frustration de n'avoir jamais soulevé la Ligue des champions demeure une épine dans le pied du champion à l'ego surdimensionné. On a longtemps cru que les quatre saisons passées au Paris Saint-Germain lui permettraient d'assouvir son fantasme. Mais d'une expulsion à Chelsea, d'un flop contre le Real, puis d'un camouflet contre Manchester City, ça ne s'est jamais bien passé.

Côté bilan, trop discret lors des chocs décisifs, vu le standing du bonhomme, il restera toujours comme un goût d'inachevé entre le Suédois et les Parisiens en C1. Pire encore : les échecs répétés contre le FC Barcelone lui ont aussi laissé un goût amer. Son transfert chez les Blaugrana, lors de la saison 2009-2010, ne fut pas franchement une bonne idée. Guère Messi-compatible sur le front de l'attaque catalane, l'aventure s'est achevée en quenouille, après un terrible différend avec Pep Guardiola. Difficile pour ce soliste de se fondre dans l'ancestral collectif du Barça. Caractériel à souhait, « Ibra » claque également la porte de sa sélection après un Euro 2016 quelconque pour la Suède. 118 capes après quinze ans passés sous le maillot des Blågult et le rideau tombe.

Là encore, comme à Milan, alors que la page semblait tournée, le colossal avant-centre annonce son envie de revenir en mars 2021. Seulement, blessé au genou, le come-back tourne court et Ibrahimović déclare forfait juste avant l'Euro. Mais Ibra reste éternel ; même sur une jambe, il participe au retour du Milan AC au premier plan en remportant le Scudetto en 2022.

LE SAVIEZ-VOUS ?

Zlatan dans le camp romain, ce n'est en aucun cas une info mercato, prête à faire les gros titres à la une des journaux transalpins. L'événement se situe plutôt sur grand écran, puisque le Suédois a accepté de jouer dans le prochain opus d'Astérix et Obélix, tourné cette fois par Guillaume Canet. Zlatan Ibrahimović tiendra le rôle d'Antivirus. Sortie prévue dans les salles en 2023 !

SON C.V.

NÉ le 3 octobre 1981 à Malmö
TAILLE : 1,95 m / **POSTE :** attaquant

PARCOURS PROFESSIONNEL : Malmö FF, Ajax Amsterdam, Juventus FC, Inter Milan, FC Barcelone, AC Milan, Paris SG, Manchester United, Los Angeles Galaxy, AC Milan

PALMARÈS : Ligue Europa et Coupe de la League (2017) ; championnat de France (2013, 2014, 2015, 2016) ; Coupe de France (2015, 2016) ; Coupe de la Ligue (2014, 2015, 2016) ; championnat d'Italie (2007, 2008, 2009, 2011, 2022) ; championnat d'Espagne (2010) ; Coupe du monde des clubs (2009) ; championnat des Pays-Bas (2002, 2004) ; Coupe des Pays-Bas (2002)

Ciro IMMOBILE

ITALIE

Ce 27 juillet 2016, lorsqu'il paraphe fébrilement son contrat en faveur de la Lazio, Ciro Immobile concrétise son rêve de toujours : signer dans un club à la hauteur de ses ambitions, qui lui apportera épanouissement et gloire. Lui, le petit supporter du Napoli, le club de sa région d'origine, a connu un début de carrière chaotique. Sept saisons ballotté entre espoirs déçus (Juventus, pourtant son club formateur) et coups d'essai sans lendemain (Genoa, Torino). Sans parler de ces prêts improbables et de deux douloureuses expériences à l'étranger.

Le Napolitain bon teint juge notamment son passage au Borussia Dortmund comme un raté monumental. « Quand tu ne parles pas la langue, que tu n'es pas intégré dans l'équipe, c'est difficile de s'adapter à un nouveau pays et un nouveau championnat », lâche le principal intéressé, marqué par son aventure avortée en Bundesliga, au point de douter de ses capacités à redevenir un chasseur de buts. Quant à son prêt au Séville FC, ce ne fut qu'embrouilles et malentendus avec ses coéquipiers et son entraîneur d'alors, un certain Unai Emery.

Avant que Ciro Immobile ne perde de sa valeur marchande, son agent, Monchi, décide alors de le vendre au plus vite. Ce sera donc un retour au bercail. Avec une farouche volonté de prendre, enfin, sa revanche sur le sort. L'attaquant italien se remet en cause, bosse comme un dingue chez les Biancocelesti et devient rapidement le chouchou des *tifosi*. Surtout, la Lazio joue pour lui. Ce qui lui donne des ailes et le rend tout simplement intenable. Lors de la saison 2019-2020, il devient le joueur à avoir atteint le plus rapidement la barre des 100 buts avec la Lazio. Le Napolitain est en course pour le poste d'attaquant de pointe avec la Squadra azzurra. Seulement, l'Italie joue en 4-3-3 et non en 3-5-2, comme la Lazio. Roberto Mancini hésite entre Andrea Belotti et lui. Il y aura un face-à-face jusqu'au bout entre les deux attaquants pour la place de titulaire, même si Immobile part avec la faveur des pronostics. Sa soif de vaincre joue en sa faveur.

LE SAVIEZ-VOUS ?

À l'été 2018, alors qu'il est en vacances avec sa famille sur une plage des Abruzzes, Ciro Immobile est accosté par un homme armé d'un couteau. Mais le joueur s'est suffisamment méfié et ses proches ont refoulé l'agresseur, qui a pris la fuite puis a finalement été arrêté par les Carabinieri. On apprendra plus tard que ce personnage peu recommandable était un fan de Pescara, club rival de la Lazio.

SON C.V.

NÉ le 20 février 1990 à Torre Annunziata (Italie)
TAILLE : 1,85 m / **POSTE :** attaquant

PARCOURS PROFESSIONNEL : Juventus FC, Robur Sienne, US Grosseto, Delfino Pescara, Genoa CFC, Torino FC, Borussia Dortmund, Séville FC, Torino FC, SS Lazio

PALMARÈS : Euro (2020) ; Supercoupe d'Italie (2017, 2019) ; Coupe d'Italie (2019) ; Supercoupe d'Allemagne (2014)

Lorenzo INSIGNE

ITALIE

Au terme de la débâcle, le Napolitain l'a crié haut et fort : « Pour l'équipe nationale, j'aurais même joué dans la cage ! » Après l'amère élimination de l'Italie en barrages de la Coupe du monde en novembre 2017, contre la Suède, Lorenzo Insigne était prêt à succéder à Gigi Buffon pour sauver la patrie. Les tifosi ne lui en demandent pas tant et préfèrent le voir percuter sur le côté gauche. Et beaucoup ont regretté que, au coup d'envoi, l'ancien sélectionneur transalpin Giampiero Ventura se soit passé de son punch lors de ce rendez-vous décisif.

Avec ses appuis infernaux et sa recherche permanente de la verticalité, « Il Magnifico » est capable, à tout moment, de transformer une action anodine en soudaine occasion de but. Ses frappes spectaculaires font régulièrement soulever la curva au stade San Paolo. Avec son profil atypique, ce petit gabarit est capable d'éliminer en un contre un et de bouger les défenses les plus hermétiques. « Je m'adapte sans souci au poste où on me demande d'évoluer. Ce n'est pas le rôle qui compte, mais l'implication », aime à rappeler ce pur représentant de la Campanie.

Au pied du Vésuve, ça bouillonne dès que le *bambino* du pays s'empare du ballon. Toujours capable de déclencher une frappe téléguidée, à la manière de Mathieu Valbuena, Lorenzo Insigne s'est révélé à Pescara, où il fut prêté à 20 ans, en 2011. Une amitié solide se crée alors avec un certain Marco Verratti. Aujourd'hui encore, les deux hommes sont restés complices. D'ailleurs, l'agent Mino Raiola verrait d'un bon œil, malgré la gronde du public napolitain, de proposer le petit Italien au PSG à court ou moyen terme. Ses dribbles déroutants, sa qualité de frappe et sa vision du jeu raviraient n'importe quel ténor du football européen.

D'autant que le *ragazzo* a progressé ces derniers mois. Lorenzo Insigne marque plus souvent, tout en épurant son jeu. Plus collectif, capable désormais de jouer en second attaquant de pointe, il a laissé de côté les ultimes scories de son jeu, histoire de faire taire les derniers sceptiques. L'enfant prodige quitte Naples en 2022 et cède aux appels de la MLS en choisissant de rejoindre Toronto.

LE SAVIEZ-VOUS ?

En septembre 2017, lors d'un match de C1 joué en Ukraine, contre le Shakhtar Donetsk, Lorenzo Insigne ouvre le score et veut rendre hommage à con coéquipier Arkadiusz Milik, blessé au genou. Depuis le banc, Piotr Zielinski lui tend un maillot pour que l'Italien puisse le déployer, tout en fêtant son exploit. Sauf que le nom apparaissant est celui de... Zielinski ! Une méprise plutôt qu'une blague, assure l'autre Polonais de Naples. Dans le feu de l'action, les deux joueurs en ont bien ri.

SON C.V.

NÉ le 4 juin 1991 à Frattamaggiore (Italie)
TAILLE : 1,63 m / **POSTE :** attaquant

PARCOURS PROFESSIONNEL : SSC Naples, Cavese 1919, US Foggia, Delfino Pescara, SSC Naples, Toronto FC

PALMARÈS : Euro (2020) ; Coupe d'Italie (2014)

Gabriel JESUS

BRÉSIL

Personne n'avait imaginé une telle trajectoire. Le gamin grandit dans un quartier désœuvré du nord de la mégapole de São Paulo, plus précisément à Jardim Peri. Le jeune Brésilien doit se battre pour sortir du lot. Élevé avec ses trois frères par sa mère devenue veuve, le petit Gabriel Fernando de Jesus souffre de l'absence du père. Côté terrain, malgré son aisance précoce avec un ballon, il passe à travers les mailles footballistiques. L'adolescent joue même en défense dès qu'il enfile le maillot vert et blanc du modeste Paqueninos do Meio Ambiente.

À 15 ans, à l'âge où les futurs pros sont déjà dans le circuit, Gabriel évolue avec l'Associação Atlética Anhanguera et se fait remarquer par un recruteur de Palmeiras. Test concluant dès qu'il se pare de la tunique du grand club pauliste, créé il y a plus d'un siècle par des migrants italiens. « Comme tout le monde, j'ai d'abord été frappé par sa vitesse, se remémore Bruno Petri, son formateur *alviverde*. Il avait surtout un truc en plus : il était déterminé. Gabriel avait conscience qu'il avait pris du retard sur les autres. Alors, il bossait plus. Il est ce qu'on appelle au Brésil une "mouche blanche", un joueur qui a connu un parcours atypique. » Et, comme par hasard, dès son intronisation à la pointe de l'équipe première, Palmeiras va décrocher le titre national qui lui échappait depuis vingt-deux ans.

Avec 12 buts en 27 matches, élu meilleur joueur du Championnat brésilien, Gabriel Jesus devient le héros du peuple vert. « En quelques mois, il a mis de côté toutes les lacunes dans son jeu : la tactique, son jeu de tête et son réalisme déficient. » Même les anciens de Palmeiras sont impressionnés par le petit génie. Manchester United, le Barça, le Real, le Bayern et le PSG se mettent en chasse de la perle pauliste. Mais un coup de fil de Pep Guardiola au joueur fait la différence à l'été 2016. Alors qu'il mène la Seleção au titre olympique durant les JO de Rio, Gabriel Jesus donne son accord à Manchester City, qu'il rejoindra l'hiver suivant. Les doutes sont vite balayés. Malgré quelques pépins physiques, le jeune Brésilien, en mode dynamite, éclate tout avec les Citizens.

LE SAVIEZ-VOUS ?

En septembre 2014, alors que Gabriel Jesus (17 ans) n'a pas encore joué en pro, il est proposé à l'Olympique Lyonnais par Marcelo, découvreur de talents pour le président Aulas au Brésil. « J'avais indiqué ce jeune joueur à Florian Maurice (recruteur de l'OL). J'avais aussi envoyé des vidéos aux dirigeants et, à l'époque, il pouvait quitter Palmeiras pour moins de 1 million d'euros. Mais ils n'ont pas donné suite. Après, il a explosé et c'était trop tard ! »

SON C.V.

NÉ le 3 avril 1997 à São Paulo (Brésil)
TAILLE : 1,75 m / **POSTE :** attaquant

PARCOURS PROFESSIONNEL : SE Palmeiras, Manchester City, Arsenal FC

PALMARÈS : Coupe de la League (2018, 2019, 2020, 2021) ; championnat d'Angleterre (2018, 2019, 2021, 2022) ; Coupe d'Angleterre (2019) ; championnat du Brésil (2016) ; Coupe du Brésil (2015)

Diogo JOTA

PORTUGAL

Les jambes se mettent à flageoler. Ce 14 novembre 2019, on joue les dernières minutes d'un Portugal-Lituanie à Faro, pour le compte des éliminatoires de l'Euro, et il y a de quoi trembler. Au cours de ce succès tranquille pour les tenants du titre (6-0), Cristiano Ronaldo vient de réussir un triplé. Lorsqu'arrive la 84e minute, c'est un novice, Diogo Jota en l'occurrence, qui remplace le maître absolu. Dans la tête du jeune surdoué en question, ça se bouscule au portillon, lui qui voue une admiration sans borne pour CR7.

Que de chemin parcouru pour le « filho » de Porto au parcours rocambolesque. À 17 ans, il signe au prestigieux Atlético de Madrid... où il ne jouera jamais ! Ballotté de prêt en prêt, Diogo José Teixeira da Silva (de son vrai nom) crache vite le feu déjà chez les Dragons de Porto, avant d'aller voyager du côté de l'Angleterre. L'arrivée sur le banc des Loups de son compatriote Nuno Espirito Santo facilite la transaction. L'armada lusitanienne (Rio Patricio, Joao Moutinho, Ruben Neves...) dans l'effectif aide à l'intégration du prometteur ailier. Il réalise alors des exploits au Molineux Stadium. Après 13 premiers matches sans claquer un seul but, lors de sa découverte de la Premier League en 2018, Jota lâche les chevaux. En janvier, il signe un triplé contre Leicester et devient le premier joueur des « Wolves » à réussir cette performance depuis John Richards 42 ans plus tôt ! Il permet à son club de la grande banlieue de Birmingham de retrouver l'Europe depuis 1980.

Forcément, avec un tel profil atypique, une telle polyvalence, et même s'il doit encore gagner en constance, Diogo Jota entre dans les radars des meilleurs. Car s'il n'a rien d'un monstre physique, le jeune Portugais possède une sacrée vista et un coup d'œil dévastateur. C'est Liverpool qui fait main basse sur le joyau en septembre 2020. La concurrence du trio Firmino-Mané-Salah ne le rebute même pas. Entre blessures et crise de la Covid-19, le banc des Reds se vide et Jota tire son épingle du jeu. Jürgen Klopp hurle même au génie. L'entraîneur allemand est sous le charme, tout comme les fans d'Anfield qui comparent la pépite à Robbie Fowler, attaquant vedette des années 1990.

LE SAVIEZ-VOUS ?

Diogo Jota est véritablement entré dans l'histoire du Liverpool Football Club en inscrivant le 10 000e but dans l'histoire des Reds. L'événement s'est produit le 27 octobre 2020, lors d'une rencontre de Ligue des champions, contre les Danois de Midtjylland (2-0). Un beau symbole, 128 ans après le tout premier but inscrit par un certain Jock Smith en 1892 contre Higher Walton (8-0). C'était aussi le 370e but dans la plus prestigieuse des compétitions continentales en faveur des Reds depuis 1964.

SON C.V.

NÉ le 4 décembre 1996 à Porto

TAILLE : 1,78 m / **POSTE :** milieu de terrain

PARCOURS PROFESSIONNEL : Paços de Ferreira, Atlético de Madrid, FC Porto, Wolverhampton Wanderers, Liverpool FC

PALMARÈS : Coupe d'Angleterre (2022) ; Coupe de la League (2022)

Vinícius JÚNIOR

BRÉSIL

Tout juste sacré champion du monde pour la seconde fois de sa carrière, Ronaldo (le vrai !) débarque à Madrid, où Florentino Pérez n'a pas hésité à lâcher 45 millions d'euros pour le déloger de l'Inter. Près de seize ans plus tard, c'est dans la peau de « parrain » que Ronaldo foule la pelouse du Santiago-Bernabéu pour accompagner le jeune Vinícius Júnior (18 ans), qui débarque de Flamengo. Mais l'ailier gauche brésilien a beau avoir coûté la même somme que son aîné (45 millions), les spectateurs ne se sont pas bousculés ce jour-là pour assister à sa petite séance de jonglerie. Pourtant, fort de son étiquette de septième joueur le plus cher de l'histoire des Merengue et deuxième transfert le plus cher de l'été 2018 en Liga, derrière Thomas Lemar à l'Atlético, Vinícius Júnior pouvait s'attendre à ce qu'on lui déroule le tapis rouge. Que nenni ! Adulé au Maracanã de Rio sous le maillot de Flamengo, il se retrouve à jouer des matches avec le Castilla. La troisième division espagnole comme baptême du feu dans le football européen, son quotidien n'est pas aussi glamour qu'il se l'imaginait en quittant Rio de Janeiro.

Le Brésilien fait donc ses preuves avec le Castilla et finit par s'asseoir sur le banc face à Getafe pour voir de plus près la bande à Benzema. De timides apparitions, mais l'ailier brésilien ne s'impatiente pas et décide de ne pas utiliser une clause de son contrat qui lui permet de revenir en prêt dès le mois de janvier 2019 du côté de Flamengo si ses soirées sur le banc de touche s'éternisaient. Un retour en arrière qui aurait pu signer (déjà) la fin de son rêve chez les Merengue. D'autant plus qu'un certain Rodrygo Goes (ailier gauche de 17 ans surnommé lui aussi « le nouveau Neymar ») est censé arriver en provenance de Santos, où il a été acheté… 45 millions d'euros. Le temps presse donc pour Vinícius Júnior ! Le Brésilien saisit sa chance quand on la lui donne, mais une blessure va freiner sa progression. Victime d'une rupture d'une articulation tibia-péroné de la cheville droite en Ligue des champions face à l'Ajax Amsterdam, il revient plus vite que prévu à l'entraînement mais n'est finalement pas retenu pour la Copa America au côté de sa grande idole Neymar. Ils se sont côtoyés déjà en sélection. Avant de l'être aussi un jour en club ?

LE SAVIEZ-VOUS ?

Dans le dossier Vinícius Júnior, Manchester United avait une longueur d'avance pour le transfert de la pépite brésilienne. Mais le Brésilien ne foulera pas tout de suite la pelouse du « Théâtre des rêves », la faute aux atermoiements du président de Man United, Ed Woodward. Les discussions traînent en longueur ; le Barça et le Real entrent dans la danse. Finalement, la « Casa blanca » emporte la mise.

SON C.V.

NÉ le 12 juillet 2000 à São Gonçalo (Brésil)
TAILLE : 1,76 m / **POSTE :** attaquant

PARCOURS PROFESSIONNEL : Flamengo, Real Madrid

PALMARÈS : Ligue des champions (2022) ; Supercoupe d'Espagne (2020) ; championnat d'Espagne (2020, 2022) ; Mondial des clubs (2018)

Harry KANE

ANGLETERRE

Il y a bien sûr cette Coupe du monde réussie en 2018 avec, à la clé, six buts inscrits par l'attaquant anglais. Harry Kane finit meilleur réalisateur du tournoi en Russie. On en oublierait presque que le buteur des Spurs a vécu auparavant une période plus floue chez les Three Lions. Succéder à Wayne Rooney fut délicat. Avant de devenir le 119e capitaine de l'équipe d'Angleterre en 2017, Harry Kane a vécu une disette de buts pendant douze longs mois. Il fallait un sacré mental pour ne pas se laisser abattre et, par la suite, devenir incontournable parmi les meilleurs attaquants de la planète.

Avant d'être baptisé « Hurrykane » – jeu de mots avec le terme *hurricane*, qui signifie ouragan en anglais – par les supporters et de briller sur la pelouse de Wembley, le grand escogriffe a souvent été moqué. Dès son adolescence. D'abord, son débit de parole haché et son ton nasillard lui ont valu quelques quolibets, comme celui d'être comparé à Donald Duck. Ensuite, ses débuts sur le terrain n'inspirent guère les fans. Encombré par sa taille, le jeune avant-centre paraît trop lent, pas assez costaud et loin de maîtriser l'aspect tactique de la compétition. Bref, son positionnement sur le terrain n'est pas bon.

À l'académie de Tottenham, les formateurs sont sceptiques. Dans l'espoir de faire progresser le boy discret et pataud, Harry Kane est prêté à de multiples reprises. De Brisbane Road, l'antre de Leyton Orient en League One (l'équivalent de notre National) à The Den, le « coupe-gorge » de Millwall en Championship (la Ligue 2 anglaise), le Londonien gagne en confiance et prend des épaules. Sur certains terrains comparables à des marécages, il s'affirme et met parfois la tête là où d'autres ne mettraient pas le pied. Il gagne ses galons devant une foule hostile. Comble de tout : les rugueux supporters de Millwall détestent les joueurs de Tottenham et son profil à la Glenn Hoddle horripile les plus radicaux. « Cette expérience a fait de moi un homme, admet le principal intéressé. J'ai joué là-bas des matches sous haute tension et je m'en suis toujours sorti. » Et c'est en seigneur qu'à 19 ans il revient à Tottenham, où plus rien ne sera jamais comme avant.

LE SAVIEZ-VOUS ?

Certes, il n'était alors qu'un enfant de 8 ans, mais Harry Kane a bien enfilé le maillot d'Arsenal, « ennemi » juré des Spurs. Après avoir grandi dans la banlieue londonienne, puis avoir fait ses premiers pas sur un terrain au club de Ridgeway Rovers, il tente sa chance chez les Gunners lors de la saison 2001-2002. Aventure de courte durée, puisque ce pur buteur rebondit dans son club d'origine une saison plus tard.

SON C.V.

NÉ le 28 juillet 1993 à Walthamstow (Angleterre)
TAILLE : 1,88 m / **POSTE :** attaquant

PARCOURS PROFESSIONNEL : Tottenham Hotspur, Leyton Orient, Millwall FC, Norwich City, Leicester City, Tottenham Hotspur

PALMARÈS : –

N'Golo KANTÉ

FRANCE

Il est l'un des noms que Didier Deschamps couche en premier sur sa feuille blanche pour la composition de son équipe de France. N'Golo Kanté est à la fois un incontournable sur le terrain et un modeste dans l'âme. Quelqu'un de bien, tout simplement. L'homme force le respect et le joueur rayonne par son abattage. Un petit joueur qui court partout, « gratte » un nombre incalculable de ballons, relance le jeu vers l'avant et bonifie le jeu du collectif.

Dès son plus jeune âge, Kanté est « surclassé » chaque année dans des équipes de jeunes. Tout le monde lui prédit un destin de professionnel mais, moment décisif dans sa carrière, il ne parvient pas à entrer dans le centre de formation d'un club professionnel : « trop petit », « trop ci, trop ça », les recruteurs des centres de formation ergotent sans cesse. Sa carrière patine mais, à 21 ans, il attire l'attention du club pro de Boulogne-sur-Mer, alors en Ligue 2. Quelle que soit la marche, Kanté se met au niveau. Du National à la Ligue 2, il passe à Caen, où il « explose » dans le jeu. N'golo Kanté participe à la remontée du club et découvre l'élite du football français. En quelques matches, il devient vite la révélation de la saison, mais les grands clubs de l'Hexagone « dorment » et laissent filer la pépite pour une « misère » (10 millions d'euros) à Leicester, qui devient champion en grande partie grâce à lui. Vif, rapide, endurant, N'Golo éblouit. « Un jour, il va centrer et marquer sur son propre centre », se marre son coach Claudio Ranieri. Chelsea s'en empare et remporte illico la Premier League. Gary Lineker, le chroniqueur vedette de la TV anglaise, écrit alors un tweet repris par toute la presse sportive : « Leicester avec Kanté : champion. Sans Kanté : à la rue. Chelsea la saison dernière : à la rue. Avec Kanté : au top. Coïncidence ? Ça m'étonnerait. »

Consécration : Kanté est élu en 2017 meilleur joueur du championnat anglais, un des plus beaux prix qui soit pour un footballeur professionnel. Un an avant de devenir champion du monde puis de gagner la Ligue Europa. Depuis plus de cinq ans, N'Golo a pris une habitude : il décroche un trophée.

LE SAVIEZ-VOUS ?

Né à Paris de parents maliens, Kanté aurait pu choisir de jouer pour les Aigles du Mali. Il s'agissait même de son premier choix, selon Patrice Garande, son entraîneur à Caen. « J'en ai parlé avec lui, il avait fait son choix (en faveur du Mali). Alors je lui ai dit : "Et si un jour, tu reçois un coup de fil et que tu entends 'Bonjour, c'est Didier Deschamps', tu fais quoi ?" » En mars 2016, Kanté fait ses premiers pas chez les Bleus contre les Pays-Bas (3-2). Deux ans plus tard, il est champion du monde.

SON C.V.

NÉ le 29 mars 1991 à Paris (France)

TAILLE : 1,68 m / **POSTE :** milieu de terrain

PARCOURS PROFESSIONNEL : Boulogne-sur-Mer, Caen, Leicester, Chelsea FC

PALMARÈS : Mondial des clubs (2021) ; Supercoupe d'Europe (2021) ; Ligue des nations (2021) ; Ligue des champions (2021) ; Ligue Europa (2019) ; Coupe du Monde (2018) ; Coupe d'Angleterre (2018) ; championnat d'Angleterre (2016, 2017)

Joshua KIMMICH

ALLEMAGNE

Jour, nuit, jour, nuit, jour, nuit… En usant de la méthode de Jacquouille la Fripouille, Joshua Kimmich a le don d'allumer la lumière quand il le désire. Seule différence : le métronome allemand est loin d'être aussi agaçant que le personnage campé par Christian Clavier dans *les Visiteurs*. Par son intelligence tactique, ce polyvalent milieu de terrain, utilisé également en défense par Pep Guardiola quand ce dernier dirigeait le Bayern, possède une énorme influence dans le cœur du jeu bavarois, mais aussi de la sélection germanique. Sûr de sa force, « Jo » détient un mental en acier trempé et sa capacité à motiver les troupes rejaillit sur tout un groupe. Pas le style à douter.

Déjà enfant, du côté de Rottweil, entre la Forêt-Noire et la bourgeoise Stuttgart, le gamin ne craint en rien le courroux d'Anja et Berthold. Dans le jardin, le petit Kimmich balance des frappes contre le mur du pavillon parental. Seul hic : quelques carreaux volent en éclat ! Lassé, le paternel récupère des buts dans son club amateur et installe les montants sur une petite parcelle à l'autre bout de la rue. « Les garçons, allez là-bas pour jouer au foot », lance le brave Berthold à Joshua et ses amis. Formé à Bösingen, le garnement est repéré par un autre VfB, plus prestigieux, celui de la grande ville proche, Stuttgart. L'adolescent y répète toutes ses gammes. Mais jamais ce talent pur ne signera professionnel chez les Souabes. L'un de ses éducateurs lui lâchera même : « Tu n'es pas assez bon, ton corps n'est pas assez costaud. » Belle intuition ! Ce sera finalement le RB Leipzig qui, à l'été 2013, fera la bonne affaire.

Au printemps 2016, passé chez le géant de la Bundesliga, le Bayern, Joshua Kimmich vit un printemps contrasté. En avril, il loupe sa tentative en finale de la Coupe d'Allemagne contre le Borussia Dortmund (0-0 après prolongation), mais les Munichois s'en sortent quand même (4-3 aux tirs au but). Quelques jours plus tard, Joachim Löw le sélectionne pour l'Euro en France. Il ne sortira plus jamais du groupe. Il devient même, lors de la Coupe des Confédérations 2017 en Russie, le plus jeune capitaine à avoir officié au sein de la prestigieuse Mannschaft.

LE SAVIEZ-VOUS ?

Lorsque Joshua Kimmich se retrouve sur les tablettes du Bayern Munich à l'intersaison 2015, les tractations traînent en longueur. Dans les hautes sphères bavaroises, un dirigeant n'est pas convaincu par sa venue. Le président du Conseil exécutif, Karl-Heinz Rummenigge, légende du football outre-Rhin, est sceptique sur la probabilité de voir le jeune Allemand s'imposer à l'Allianz Arena. Pourtant, l'indemnité de transfert lâchée à Leipzig ne dépasse pas les 10 millions d'euros.

SON C.V.

NÉ le 8 février 1995 à Rottweil

TAILLE : 1,76 m / **POSTE :** milieu de terrain

PARCOURS PROFESSIONNEL : VfB Stuttgart, RB Leipzig, Bayern Munich

PALMARÈS : Ligue des champions et Coupe du monde des clubs (2020) ; championnat d'Allemagne (2016, 2017, 2018, 2019, 2020, 2021, 2022) ; Coupe d'Allemagne (2016, 2017, 2018, 2020)

Presnel KIMPEMBE

FRANCE

De bonnes claques sur les cuisses de Paul Pogba et de Samuel Umtiti en pleins soins. Les images ont forcément marqué les supporters. Dans le documentaire *les Bleus 2018 : au cœur de l'épopée russe*, d'Emmanuel Le Ber et Théo Schuster, on voit un Presnel Kimpembe, joker de luxe, asticoter deux des piliers tricolores qui souffrent en silence. Tout comme sur les chorégraphies avec Benjamin Mendy, la réputation du jeune défenseur parisien est faite. Celle d'un garçon enjoué, facile à vivre, certes déconneur, mais d'un mental hors norme. Ses premiers formateurs au PSG ont du mal à reconnaître l'adolescent maladroit qui ne savait pas trop quoi faire de ses pieds.

Aujourd'hui, celui que ses partenaires ont baptisé « Presko » dégage une sérénité rare pour un défenseur de son âge. Rien ne lui fait peur : il remédie avec décontraction aux absences de stars comme Thiago Silva ou Marquinhos en cas de défection d'un des deux Brésiliens. À 24 ans, le gaucher de la défense centrale est déjà multichampion de France avec le PSG et, malgré un coup de mou post-Mondial, il reste une valeur sûre en Ligue 1.

Avec une volonté constante de défendre debout, le natif de Beaumont-sur-Oise possède une qualité technique précieuse sur chaque relance. Que de chemin parcouru pour le gamin d'Éragny, ville du Val-d'Oise où il a grandi. Malgré une dégaine de freluquet en préformation au Camp des Loges, Presnel Kimpembe serre les dents. « J'ai toujours cru en moi. Avec le club, ç'a été compliqué mais je me suis accroché », se remémore le Francilien. Adepte du pressing, il convainc Laurent Blanc de le lancer dans le grand bain. Sacré gage de confiance. Puis Unai Emery renforce sa conviction d'aller au combat sans relâche. Et si tout s'est bien passé au départ avec Thomas Tuchel, l'entraîneur allemand n'a guère apprécié l'avis de Presnel Kimpebe qui, après l'élimination contre Manchester United (dommage, à l'aller à Old Trafford, le défenseur du PSG avait inscrit son tout premier but en pro !), a regretté dans un message vidéo la « suffisance » du groupe parisien. Début de polémique. Qu'importe ! Ce discours cash correspond pourtant au caractère d'un garçon attachant.

LE SAVIEZ-VOUS ?

En octobre 2016, pour pallier le forfait d'Eliaquim Mangala chez les Bleus, Didier Deschamps fait appel à la surprise Presnel Kimpembe. International en équipe de France Espoirs, le jeune Francilien de 21 ans compte même, chez les jeunes, une sélection avec la R.D. Congo, son pays d'origine. Lorsque le sélectionneur tricolore le convoque à Clairefontaine, Kimpembe ne compte alors que 13 matches en Ligue 1 avec le PSG !

SON C.V.

NÉ le 13 août 1995 à Beaumont-sur-Oise (France)
TAILLE : 1,89 m / **POSTE :** défenseur

PARCOURS PROFESSIONNEL : Paris SG

PALMARÈS : Coupe de France (2016, 2017, 2018, 2020, 2021) ; Coupe de la Ligue (2015, 2016, 2017, 2018, 2020) ; championnat de France (2015, 2016, 2018, 2019, 2020, 2022) ; Coupe du monde (2018)

Kalidou KOULIBALY

SÉNÉGAL

Du pied des collines de l'Ormont au fleuve Sénégal, il n'y a qu'un pas. Surtout quand ça parle peul au sein d'un paisible quartier de Saint-Dié. La communauté de cette ethnie africaine est importante dans la tranquille ville des Vosges, mais elle n'y vit jamais recroquevillée sur elle-même. Originaires de Matam, les parents Koulibaly ont rejoint la Lorraine, et le petit Kalidou y est né.

Fier de ses origines sénégalaises, le futur Lion de la Teranga garde un attachement sincère et revendique son appartenance déodatienne. Saint-Dié demeure dans son cœur. « Quand je me retrouve avec mes parents dans la région du Fouta, je suis vu comme un Français. En France, je suis perçu comme un Sénégalais. Tout le monde te rappelle tes origines », explique Kalidou Koulibaly, assurant bien se retrouver dans cette double culture qu'il assume naturellement. Le footballeur laisse les barrières psychologiques, politiques ou morales à d'autres.

Et lorsque, pour un match disputé à Milan en décembre 2018, il est victime de cris racistes dans les travées de Giuseppe-Meazza contre l'Inter, la tour de contrôle sénégalaise applaudit ironiquement l'arbitre pour son inaction. Averti pour ce geste, avant d'être expulsé, Koulibaly s'est dit « fier de la couleur de sa peau », tout en refusant de polémiquer. Pas son style. La blessure est tout de même profonde pour le Napolitain d'adoption plongé dans une Italie trop souvent hors jeu dans ce domaine.

Pourtant, l'ancien Messin est devenu un pion essentiel chez les Azzurri par son impressionnant abattage. Un géant aux pattes de velours, capable de dégainer une détente prodigieuse et de se hisser à près de 2,50 mètres du sol. Comme ce jour de printemps 2018 où, à Turin, il a inscrit de la tête un but mémorable et décisif contre une Juventus pourtant intouchable chez elle (1-0).

Champion de haute voltige, Kalidou reste néanmoins humble en toute circonstance. Forcément, de telles prestations, notamment dans le domaine aérien, allèchent les recruteurs de Premier League. Un championnat anglais fait pour lui, assurent les observateurs. Affaire à suivre à Chelsea en 2022.

LE SAVIEZ-VOUS ?

Kalidou Koulibaly est international sénégalais depuis septembre 2015. Plus jeune retenu en équipe de France des « moins de 20 ans », le défenseur a finalement opté pour les Lions de la Teranga. « C'est ma femme qui m'a fait choisir, en me disant que cela rendrait fiers mes parents. Effectivement, ils avaient des étoiles dans les yeux. »

SON C.V.

NÉ le 20 juin 1991 à Saint-Dié-des-Vosges
TAILLE : 1,87 m / **POSTE :** défenseur

PARCOURS PROFESSIONNEL : FC Metz, KRC Genk, SSC Naples, Chelsea FC

PALMARÈS : Coupe d'Italie (2014, 2020) ; Coupe de Belgique (2013)

Jules KOUNDÉ

FRANCE

Partout et nulle part à la fois. La polyvalence est parfois un vilain défaut. Jules Koundé, lui, ne s'en plaint pas ! Qu'il joue dans l'axe de la défense en club ou sur un côté en équipe de France, c'est quatre à quatre qu'il avale les marches pour s'imposer un peu partout. Surnommé « la force tranquille » par son entourage, Koundé est balancé dans le grand bain des professionnels par Jocelyn Gourvennec un soir de janvier 2018 à Granville, lors d'un match de Coupe de France en forme de cauchemar. Dans le vent, sous la pluie, et au bout d'une élimination à neuf contre onze, il est un des rares à surnager dans son équipe. L'expérience est rude mais il valide son pass en défense bordelaise pour la Ligue 1. Aux Girondins, une seule titularisation suffit pour s'imposer comme un élément indispensable.

Né à Paris, le petit Koundé grandit en Gironde, à Landiras, au milieu des vignes des Graves. Recalé par Sochaux mais repéré par Bordeaux, il franchit à son rythme les étapes. Capitaine des U19 bordelais, champions de France en 2017, mais snobé par les équipes de France de jeunes jusqu'en U20. Une trajectoire à son image. Celle d'un caractère paisible, discret mais affirmé. Les Girondins parviennent à le conserver une saison supplémentaire (70 matches, 4 buts au total) mais le laisse finalement partir au Séville FC contre une somme conséquente pour un joueur de cet âge : 25 millions d'euros à l'été 2019. À Séville, qui a fait de lui la recrue la plus chère de son histoire, il prend place dans le onze des révélations de la Liga par l'UEFA dès sa première saison, et dans l'équipe type du championnat espagnol l'année suivante.

Chez les Bleuets, il s'est débrouillé pour être capitaine en ne comptabilisant que 8 sélections avant de toquer à la porte des A pour la liste de l'Euro 2020. Son assurance et son application aux entraînements séduisent le staff tricolore. Koundé prouve à Deschamps qu'il peut jouer un rôle dans ce championnat d'Europe et qu'il vaut bien plus qu'un simple complément bénéficiant de l'élargissement des listes à 26 joueurs. Jusqu'à fêter sa première titularisation face aux champions d'Europe en titre, le Portugal de Ronaldo ! Et les choses vont encore s'accélérer... Les plus grands clubs font le forcing pour l'arracher à Séville. Et c'est finalement le Barça de Xavi qui remporte la mise !

LE SAVIEZ-VOUS ?

Dans chaque vestiaire, à chacun son sobriquet et Jules Koundé ne fait pas exception à la règle. Dans son club à Séville, il a gagné le surnom de « Cafu » ! Le Français ne sait pas vraiment pourquoi mais peu importe comme il le dit. L'ancien capitaine de la Seleçao étant une légende, Koundé s'accommode parfaitement d'être surnommé du nom du latéral brésilien.

SON C.V.

NÉ le 12 novembre 1998 à Paris

TAILLE : 1,84 m / **POSTE :** défenseur

PARCOURS PROFESSIONNEL : Bordeaux, Séville FC, FC Barcelone

PALMARÈS : Ligue des Nations (2021) ; Europa League (2020)

Toni KROOS

ALLEMAGNE

Toni Kroos est l'archétype du joueur essentiel dont on ne voit l'importance dans l'équilibre d'une équipe qu'au moment où il est absent. Sans lui, la sélection allemande, tout comme son club le Real Madrid, perd de la discipline, de la résistance physique et de l'impact. Plus qu'un rôle de sentinelle, le génie de Poméranie, né dans l'ex-RDA deux mois après la chute du mur de Berlin, brille dans son rôle de milieu relayeur. Par sa rigueur et sa science du jeu, Toni Kroos possède toutes les aptitudes pour se plier aux tactiques à géométrie variable, selon le bon vouloir de ses entraîneurs. Au Real, il est même capable d'effectuer la couverture des deux latéraux, toujours prompts à se projeter vers l'avant et à en oublier parfois les tâches défensives. Véritable courroie de transmission dans le cœur du jeu, l'Allemand a également une autre botte secrète : sa précision millimétrée, de son pied droit, sur les passes ou les coups de pied arrêtés.

Malgré l'échec de la Nationalmannschaft lors du Mondial 2018, personne n'a oublié son but sur ce coup franc excentré contre la Suède (2-1) qui sauva provisoirement les tenants du titre dans le temps additionnel. Un bijou en pleine lucarne scandinave, preuve aussi de son incroyable détermination. En première période, c'est sur l'une de ses pertes de balle que les Suédois avaient ouvert le score par l'intermédiaire d'Ola Toivonen. Avec expérience et orgueil, le « Serveur » (son surnom chez les supporters allemands) ne se démonte jamais. Il continue de réguler, d'impulser le rythme à sa formation et de donner le bon tempo, gérant au mieux temps forts et temps faibles. Lors de cette rencontre contre la Suède, statistiques à l'appui, Kroos est même devenu le joueur allemand ayant touché le plus de ballons dans un match de Coupe du monde (plus de 140 au total !).

Chez les Merengue, il est le complément idéal de Luka Modrić pour la construction des actions. Sans compter que ses précieux caviars sur les centres ont longtemps profité à Cristiano Ronaldo et, aujourd'hui encore, à Karim Benzema. Bref, dans l'art de l'orientation et de la conservation du ballon, Toni Kroos a peu d'équivalents.

LE SAVIEZ-VOUS ?

Si Toni Kroos était ravi de rejoindre le Real Madrid en 2014 pour y être dirigé par Carlo Ancelotti et son adjoint, un certain Zinédine Zidane, l'Allemand était aussi admiratif d'un autre Français. « Mon joueur favori quand j'ai débuté en Bundesliga, c'était Johan Micoud. Il jouait au Werder Brême à l'époque, je le trouvais excellent. Il m'a servi de modèle », reconnaît encore aujourd'hui le champion du monde allemand. L'ex-Bordelais appréciera !

SON C.V.

NÉ le 4 janvier 1990 à Greifswald (Allemagne)
TAILLE : 1,83 m / **POSTE :** milieu de terrain

PARCOURS PROFESSIONNEL : Bayern Munich, Bayer Leverkusen, Bayern Munich, Real Madrid

PALMARÈS : Supercoupe d'Espagne (2017, 2020) ; championnat d'Espagne (2017, 2020, 2022) ; Coupe du monde des clubs (2013, 2014, 2016, 2017, 2018) ; Ligue des champions (2013, 2016, 2017, 2018, 2022) ; championnat d'Allemagne (2008, 2013, 2014) ; Coupe d'Allemagne (2008, 2013, 2014) ; Coupe du monde (2014)

Dejan KULUSEVSKI

SUÈDE

Forcément, la comparaison revient de façon systématique sur le tapis. Originaire des Balkans et Viking d'adoption, Dejan Kulusevski serait-il le nouveau Zlatan ? Même si Ibrahimović fut l'une de ses idoles quand il grandissait dans le quartier Vällingby, sur les murs de sa chambre, le papier peint était plutôt masqué par les posters de Ronaldinho. Et s'il y a une filiation sportive à détecter sur le terrain, il est évident que Kulusevski a plus du génie du Brésilien que du géant de Malmö.

Et si « Ibra » n'a jamais tenté l'aventure sous le maillot bosnien, Dejan Kusulevski s'est rapproché plus jeune de sa fédération d'origine, la Macédoine, en acceptant de disputer cinq matches sous la tunique rouge des Moins de 16 ans. Ses premières années à l'IF Brommapojkarna confirment ses espérances. Il parfait sa technique en futsal, durant les interminables mois d'hiver scandinaves. C'est un pur joueur de « box to box », avec cette capacité d'aller d'un but à l'autre. Arsenal flaire le bon coup, mais le directeur de l'Académie de Bergame, Maurizio Costanzi, est le plus prompt. L'Atalanta subtilise le prodige. Il ne faudra que trois ans à Dejan Kusulevski pour débuter avec l'équipe primavera, en janvier 2019, sous les ordres de Gian Piero Gasperini. Le garçon rappelle Mo Salah. Comme l'Égyptien, le prometteur Suédois possède le pouvoir, à tout moment, de faire la différence sur dix mètres. « Shady » adore jouer côté droit, avant de rentrer pour mieux faire parler son dévastateur pied gauche. Il est tout de même prêté à Parme pour gagner en temps de jeu.

Et sa réputation en Italie enfle, notamment grâce à ses capacités à distiller des passes décisives. Dejan Kusulevski attire les grands noms de la Serie A, d'autant qu'il devient international avec la Suède en novembre 2019. C'est finalement la Juventus qui fait main basse sur le bébé champion. Par son style délié, il rappelle aussi Eden Hazard. Pas surprenant : dès la première journée, il ouvre le score contre la Sampdoria d'un coup de patte téléguidé. En 47 rencontres sous le maillot bianconero, il marque, délivre des passes décisives et termine meilleur jeune joueur de la Serie A à l'issue de la saison. Ça promet !

LE SAVIEZ-VOUS ?

À peine débarqué à la Juventus, Dejan Kusulevski a fait preuve d'un sacré toupet. Lors d'une interview accordée à une télévision suédoise, le jeune ailier s'est prêté au jeu des questions express. Et lorsque le journaliste lui a demandé : « Messi ou Cristiano Ronaldo ? », l'ambitieux espoir a fait une réponse cash en citant le nom de l'Argentin. Du côté de Turin, les tifosis ont été les plus chagrinés. Si la presse transalpine s'est emparée du dossier, le soufflé est vite retombé. CR7 ne s'en est pas offusqué.

SON C.V.

NÉ le 25 avril 2000 à Stockholm
TAILLE : 1,86 m / **POSTE :** attaquant

PARCOURS PROFESSIONNEL : Atalanta BC, Parme Calcio, Juventus FC, Tottenham Hotspur

PALMARÈS : Coupe d'Italie (2021)

Aymeric LAPORTE

FRANCE / ESPAGNE

Il est français, mais il n'y a pas grand-chose dans le monde du football qui le raccroche à l'Hexagone. En cherchant bien, peut-être ses premiers pas du côté d'Agen ou à Bayonne, au niveau régional chez les jeunes. Pour le reste, c'est une accumulation de rendez-vous manqués avec la France du ballon rond. À qui la faute ? Aymeric Laporte ne connaît peut-être pas la réponse lui-même ! À 12 ans, il fait son baluchon... qu'il traîne encore. En sport-étude à Miramont-de-Guyenne avant d'être repéré par l'Athletic Bilbao lors d'un match avec la sélection régionale d'Aquitaine. À Bilbao, il entre dans un autre monde, mais le jeune *Francés* apprend vite et bien. Une progression régulière dans l'antichambre, jusqu'à devenir indiscutable en équipe fanion.

Bilbao devient trop petit pour Laporte. *Adios España* alors même que le Barça lui fait les yeux doux ; il file à l'anglaise à Manchester City. L'Espagnol d'adoption quitte donc le pays qui l'a vu grandir comme footballeur et qui le drague pour une sélection nationale. Laporte est toujours resté fidèle aux Bleus de France dans les catégories de jeunes. Retenu par Didier Deschamps après des malentendus et rendez-vous ratés, il ne compte aucune cape sous le maillot frappé du coq. Sa relation avec le sélectionneur français est compliquée. Faite de quelques hauts et de beaucoup de bas. Zappé de la liste pour l'Euro 2016 en France et du Mondial russe victorieux deux ans après, il est de nouveau convoqué pour relancer la machine, mais une grosse blessure l'empêche de rejoindre Clairefontaine.

Une malédiction française qui dure... et Laporte choisit finalement l'Espagne avec laquelle il fait des débuts convaincants à l'Euro. Jamais un premier choix pour notre Dédé national, il le vivait mal. Tout le contraire de Pep Guardiola, le technicien star des Citizens. Le Catalan en pince depuis longtemps pour le Français. Pour 65 millions d'euros, le club anglais sort son chéquier pour en faire le deuxième défenseur le plus cher de l'Histoire. À ce prix-là, ce n'est pas pour cirer le banc au sein de l'arrière-garde du champion d'Angleterre en titre. Titulaire indiscutable en défense centrale, le gaucher a mis tout le monde d'accord.

LE SAVIEZ-VOUS ?

Tout portait à croire qu'Aymeric Laporte marquerait des essais plutôt que des buts. Originaire d'Agen, ville du sud-ouest de la France où le rugby est roi, il n'a pourtant jamais été attiré par le ballon ovale, même si son paternel était rugbyman en deuxième division. « Mon père ne voulait pas que je joue au rugby parce qu'il trouvait que c'était très dur pour le corps ; donc à l'école, j'étais plus attiré par le football et c'est là que tout a commencé. »

SON C.V.

NÉ le 27 mai 1994 à Agen (France)
TAILLE : 1,91 m / **POSTE :** défenseur

PARCOURS PROFESSIONNEL : Athletic Bilbao, Manchester City

PALMARÈS : Coupe de la League (2019, 2021) ; Coupe d'Angleterre (2019) ; Community Shield (2018) ; championnat d'Angleterre (2018, 2019, 2021, 2022) ; Supercoupe d'Espagne (2015)

Clément LENGLET

FRANCE

Jorge Sampaoli n'a pas hésité un seul instant. Avant de diriger l'OM, le technicien argentin dirige Séville en Liga espagnole. La veille d'un match de prestige contre le Real Madrid, il décide de lancer Clément Lenglet dans le grand bain. Le défenseur français, arrivé quelques heures plus tôt en Andalousie en provenance directe de Lorraine, débute avec les Blanquirrojos en janvier 2017 (3-3 en Coupe du Roi), prêtant alors main-forte à un autre Tricolore en défense centrale, Adil Rami.

Parcours fulgurant que celui de Clément Lenglet, suivi depuis de nombreux mois par Monchi, le directeur sportif sévillan et dénicheur de talents aux quatre coins du continent. Totalement inconnu de l'autre côté des Pyrénées, alors qu'il évolue en Ligue 2 avec Nancy, Clément est scruté par le scout ibère lors d'un anonyme match à Créteil. Comme lorsque le gaucher oisien a été repéré à 15 ans, lors d'un stage au Pôle Espoirs de Liévin, alors qu'il assouvissait sa passion du ballon rond à l'US Chantilly. Après trois ans de formation, cornaqué par Patrick Gabriel, Clément Lenglet impressionne par sa maturité. Sur le banc nancéien, Pablo Correa en fait son capitaine alors que le jeune défenseur vient tout juste de signer pro. À l'intersaison 2014, il repousse une offre de la Juventus. « Je me suis rendu à Turin, mais il n'était pas préférable de partir si tôt. À cette époque, la défense des Bianconeri était la meilleure, il aurait été difficile de s'y imposer. Je n'avais que six mois de Ligue 2 derrière moi », insiste-t-il lucide.

Curieuse trajectoire encore pour ce gamin qui se rêvait, enfant, en kinésithérapeute et qui, au lieu de jouer à la console, préférait aller taquiner le cuir dans son jardin, avec son père et son oncle. Même avec un mental au-dessus du lot, une qualité de relance et un regard périphérique qui lui font prendre les bonnes décisions, tête levée, Clément Lenglet laisse sceptique certains éducateurs qui ne le trouvent guère rapide. Si son physique n'a rien d'extraordinaire, lui compense par une hargne de tous les instants. C'est ce qui attirera aussi le Barça qui, en juillet 2018, lui fait un pont d'or. Lenglet devient le 23e joueur français a enfilé le maillot blaugrana dans l'histoire du club, avant d'être prêté à Tottenham en 2022.

LE SAVIEZ-VOUS ?

Émotion dans le paddock ! En mai 2020, à Chantilly, grâce à « Bois d'Argent », casaque rose et noire, et de son jockey, Pierre-Charles Boudot, Clément Lenglet, propriétaire du cheval, a remporté la première course hippique de sa carrière de propriétaire. Passionné de la race équine, l'international français s'est offert une écurie pour assouvir sa passion. Selon lui, l'adrénaline est la même qu'en football.

SON C.V.

NÉ le 17 juin 1995 à Beauvais
TAILLE : 1,90 m / **POSTE :** défenseur

PARCOURS PROFESSIONNEL : AS Nancy-Lorraine, Séville FC, FC Barcelone, Tottenham Hotspur

---

PALMARÈS : Coupe d'Espagne (2021) ; champion d'Espagne (2019)

TOTTENHAM HOTSPUR

Robert LEWANDOWSKI

POLOGNE

On aurait pu le voir sur le Tour de France. Grand amateur de vélo depuis qu'il est gamin, Robert Lewandowski met du braquet dès qu'il en a l'occasion dans la campagne bavaroise. Féru de sport, l'attaquant polonais s'adonne aussi à des séances de « muscu » dans une pièce aménagée de sa villa. Bon, vous l'aurez compris, la fête de la bière en Allemagne, ce n'est pas trop son truc ! Un corps sain dans une tête bien faite : en octobre 2017, « Lewy » décroche une licence de management sportif. Son mémoire, titré « RL9, chemin de gloire », plaît au jury qui, à cette occasion, s'était habillé en rouge et blanc. Histoire de rendre hommage à leur prestigieux étudiant.

Incroyable parcours pour ce grand échalas qui, à ses débuts professionnels dix ans plus tôt, au Znicz Pruszków, en pleine Mazovie, ne gagnait que 500 euros par mois. Quelques mois auparavant, sa carrière de footballeur faillit être tuée dans l'œuf. Jeune espoir du Legia Varsovie, il est viré sans ménagement de la formation du grand club de la capitale. Pas assez costaud, « Bobek » (son autre surnom au pays) ! Et surtout, l'adolescent possède un genou en cristal. Les médecins du Legia le trouvent fragile. Bien des années après, son tout premier entraîneur, Krzysztof Sikorski, reconnaîtra humblement : « Je n'aurais jamais pensé qu'il deviendrait une telle vedette. » Avec une maman volleyeuse et un papa judoka, le fiston possède pourtant l'ADN d'un futur champion. « Lewy » explose au Lech Poznań et, de l'autre côté de la frontière, en Allemagne, on commence à lorgner sur ce buteur en série.

À l'intersaison 2010, c'est le Borussia Dortmund qui décroche le « pompon ». C'est le début d'une décennie riche en exploits en Bundesliga. Le Polonais est l'archétype de l'avant-centre du XXIe siècle. Fort des deux pieds, adroit de la tête et d'une polyvalence insoupçonnée. Durant son passage sur le banc du Bayern, Pep Guardiola a même fait évoluer Robert Lewandowski ailier gauche ! Revers de la médaille : le garçon n'est guère inspiré dans le repli défensif. D'où peut-être son influence limitée dans les grands tournois avec la Pologne. En 2022, il prend la direction du FC Barcelone.

LE SAVIEZ-VOUS ?

Le 9 mars 2019, le Bayern Munich pulvérise le VfL Wolfsbourg (6-0). Au cours de la partie, Robert Lewandowski inscrit un doublé et, avec 197 réalisations depuis ses débuts en Bundesliga en 2010, devient le meilleur buteur étranger de tous les temps. L'attaquant polonais devance alors le Péruvien Claudio Pizarro (195 buts), passé depuis 1999 du Werder Brême au FC Cologne, avec un crochet aussi par le Bayern Munich.

SON C.V.

NÉ le 21 août 1988 à Varsovie (Pologne)
TAILLE : 1,85 m / **POSTE :** attaquant

PARCOURS PROFESSIONNEL : Znicz Pruszków, Lech Poznań, Borussia Dortmund, Bayern Munich, FC Barcelone

PALMARÈS : Ligue des champions et Coupe du monde des clubs (2020) ; championnat d'Allemagne (2011, 2012, 2015, 2016, 2017, 2018, 2019, 2020, 2021, 2022) ; Coupe d'Allemagne (2012, 2016, 2019, 2020) ; Supercoupe d'Allemagne (2013, 2016, 2017, 2018) ; championnat de Pologne (2010) ; Coupe et Supercoupe de Pologne (2009)

Jesse LINGARD

ANGLETERRE

Le bonheur serait-il dans le prêt ? À 28 ans, Jesse Lingard a en tout cas une sérieuse capacité d'adaptation puisque, en douze saisons de professionnalisme, le jeune soliste du football anglais a été prêté à cinq reprises. La dernière tractation entre Manchester United et un autre club de Premier League date de janvier 2021. Cet ailier de formation a rejoint Londres pour intégrer durant six mois l'effectif de West Ham.

Originaire de l'île caribéenne de Saint-Vincent par ses parents, le petit Lingard incorpore l'académie de Manchester United dès l'âge de 7 ans. Surclassé, Jesse montre très vite son aptitude à accélérer le jeu, tout en faisant preuve d'une facilité technique déconcertante. Adolescent, il s'illustre quand il s'agit de prendre l'espace et sa compréhension tactique est des plus aiguisées. Seul bémol : le jeune artiste n'est guère régulier dans ses performances et semble choisir ses matches. Décisif dans les grands rendez-vous, il paraît transparent dans des rencontres ordinaires. Fan d'Andrés Iniesta mais surtout de Thierry Henry, il porte rapidement le numéro 14, comme son idole française. En novembre 2012, Sir Alex Ferguson l'appelle dans le groupe professionnel, mais Jesse Lingard se contente de faire banquette. L'heure des prêts a sonné et, de Leicester à Derby, la pépite mancunienne s'endurcit dans un football plus rugueux dans les divisions inférieures. Un an plus tard, il inscrit son premier but en Premier League avec Birmingham contre Sheffield Wednesday et lance la mode du dab pour célébrer son exploit.

Dès son retour chez les Red Devils, il marque les esprits en inscrivant un but d'équilibriste lors du Community Shield 2016, en passant en revue toute la défense de Leicester. Alors coach de MU, José Mourinho replace dans l'axe le prodige de Warrington qui fête sa première cape avec l'Angleterre contre Malte (2-0). Lingard sera de la Coupe du monde en Russie, contribuant à la démonstration contre le Panama (6-1) par un but. Grâce à ses performances d'ensemble, Jesse Lingard a conduit West Ham lors de la saison 2020-2021 aux portes d'une inédite qualification pour la Ligue des champions.

LE SAVIEZ-VOUS ?

Lors de la saison 2019-2020, un certain Anthony Johnson parie que Jesse Lingard ne marquera aucun but au cours de cet exercice. Sa mise de 3,60 € pourrait lui faire gagner la somme de 150 €. Lors de l'ultime journée de Premier League, alors que le meneur de jeu mancunien est toujours muet, il trouve le chemin des filets contre Leicester City à la... 98e minute ! Face à ce « coup dur », un bookmaker a souhaité tout de même récompenser l'infortuné, mais le parieur malchanceux a refusé.

SON C.V.

NÉ le 15 décembre 1992 à Warrington

TAILLE : 1,75 m / **POSTE :** milieu de terrain

PARCOURS PROFESSIONNEL : Manchester United, Leicester City, Birmingham City, Brighton & Hove, Derby County, Manchester United, West Ham United, Nottingham Forest

PALMARÈS : Ligue Europa (2017) ; Coupe d'Angleterre (2016) ; Coupe de la League (2017)

Hugo LLORIS

FRANCE

Doucement, sûrement et sans faire de bruit, le capitaine des Bleus construit sa légende en équipe de France. Record de capitanat et de matches joués par un gardien en équipe de France (série en cours), Hugo Lloris consolide un peu plus à chaque rencontre sa place dans les livres d'histoire. Après les chiffres, deux images pour la postérité : l'arrêt réflexe sur sa ligne face à Caceres en quart de finale de la Coupe du monde 2018 face à l'Uruguay, et un jour de gloire face à la Croatie. C'est en bon gardien du temple tricolore que le capitaine soulève le 15 juillet 2018 la Coupe du monde. Un deuxième sacre mondial vingt ans après celui de son sélectionneur, Didier Deschamps.

Que de chemin parcouru depuis Knysna ! En Afrique du Sud, dans le bus de la honte, il voit partir en fumée ses rêves de gloire. Marqué par cet épisode, il œuvre pour un nouvel état d'esprit sans jamais se parer des habits de chevalier blanc. C'est la force de Lloris : incontesté et respecté pour ses performances, il fait l'unanimité dans le vestiaire. Et dans l'intimité du groupe, Lloris le taiseux peut se révéler un leader fort en gueule pour exprimer ses quatre vérités.

Capitaine exemplaire des champions du monde pendant quatre ans, il est enfin détenteur d'un titre plus conséquent que la seule Coupe de France 2012 arrachée à l'US Quevilly, club de troisième division, pendant ses années lyonnaises. Un cadeau de départ à l'époque avant le championnat anglais. Il pose ses valises à Tottenham. Six premiers mois compliqués où Brad Friedel le relègue un temps sur le banc de touche. En difficulté en Angleterre, il ne perd pas son statut en équipe de France. Des débuts difficiles vite oubliés ! Son leadership lui assure le brassard chez les Spurs. Capitaine en club comme en sélection, tout sauf un hasard. Le « Frenchie » est un meneur d'hommes né. Lloris, « c'est le meilleur gardien du monde », s'époumone son entraîneur Mauricio Pochettino à l'issue de l'exploit londonien lors du match retour face à l'Ajax d'Amsterdam. Un numéro 1 qui ne pourra rien sur les deux buts de Liverpool en finale de la Ligue des champions. Pour un nouveau cliché de Lloris pour la postérité, il faudra encore attendre…

LE SAVIEZ-VOUS ?

Hugo Lloris n'a pas toujours voulu être footballeur. Avant d'arrêter les ballons sur les terrains, il était passionné par… le tennis. Il a même été classé parmi les meilleurs nationaux durant son enfance. Mais c'est un peu grâce au tennis qu'il s'est mis à jouer au foot. « J'ai débuté dans le foot grâce à mon club de tennis. Je passais souvent mes week-ends là-bas avec mes parents. Je retrouvais mes copains et on alternait le foot et le tennis. »

SON C.V.

NÉ le 26 décembre 1986 à Nice (France)
TAILLE : 1,88 m / **POSTE :** gardien de but

PARCOURS PROFESSIONNEL : Nice, OL, Tottenham Hotspur

PALMARÈS : Ligue des nations (2021) ; Coupe du monde (2018) ; Trophée des champions et Coupe de France (2012)

Romelu LUKAKU

BELGIQUE

Bon, on n'ira pas jusqu'à dire qu'il est tombé comme Obélix dans la marmite du foot étant gamin, mais Romelu Lukaku n'a jamais rêvé d'être une star du ballon rond ! Le môme d'Anvers a juste un temps d'avance sur tous ses copains et deux bonnes têtes de plus, surtout. Il veut simplement faire quelque chose dans le foot et s'éclater sur les terrains. Fausse modestie ou manque d'ambition, Lukaku est le meilleur buteur de l'histoire de la sélection belge (65 en 101 sélections série en cours), excusez du peu ! Conseillé un temps par Thierry Henry en sélection, Lukaku n'a pas attendu les cours particuliers du Français pour apprendre l'instinct du buteur. Enfant, il rêvait déjà d'anéantir l'adversaire : « J'essayais de déchirer le cuir du ballon chaque fois que je frappais dedans. Pas de tir en finesse. Je ne rigolais pas. J'essayais de te tuer. »

Avec sa technique pas toujours académique, Lukaku n'est pas une bête surpuissante. Plutôt un 9 altruiste et dévoué au collectif ! C'est dans sa nature, Romelu Lukaku n'attend pas que les buts lui tombent tout cuits. Une enfance galère au milieu d'une famille sans le sou où la facture d'électricité chaque mois est un casse-tête à régler. Dans une confession publiée sur le site The Players' Tribune, l'ex-joueur de Manchester United décrit un quotidien de pauvreté. À 6 ans, une anecdote va le marquer au fer rouge : « J'ai surpris ma mère en train de rajouter de l'eau dans mon bol de lait. Le même que la veille. J'ai alors compris que nous étions fauchés. Pas seulement pauvres : fauchés. Ce jour-là, j'ai su exactement ce que j'avais à faire et ce que j'allais faire. »

La suite ne sera que buts plantés à la pelle, partout où le gaucher a posé sa grande carcasse (1,91 m pour 94 kilos). Premier contrat pro à Anderlecht et 16 bougies à peine soufflées. Le temps de conquérir un titre de champion de Belgique et le trophée de meilleur buteur, l'attaquant dynamite l'Angleterre. Barré par la concurrence à Chelsea, il explose à Everton (87 buts en quatre ans) et réveille l'intérêt du Big Four anglais. Un transfert pour une centaine de millions d'euros à Manchester United avant de conquérir l'Italie avec l'Inter Milan. Pas mal pour un enfant de la balle qui ne voyait pas plus loin que son quartier d'Anvers.

LE SAVIEZ-VOUS ?

Véritable force de la nature, Romelu Lukaku a connu une croissance très rapide. Il était déjà tellement grand et massif qu'il devait en permanence se justifier sur son âge dans les catégories de jeunes. Son premier entraîneur, Erwin Wosky, n'est pas près d'oublier certains détails : « À 9 ans, il avait déjà des chaussures d'adulte. Les entraîneurs ne croyaient pas qu'il était aussi jeune. Il devait transporter son passeport partout avec lui pour le prouver. Les autres enfants se mettaient littéralement à pleurer quand ils le voyaient arriver. C'était un monstre. »

SON C.V.

NÉ le 13 mai 1993 à Anvers (Belgique)
TAILLE : 1,91 m / **POSTE :** attaquant

PARCOURS PROFESSIONNEL : Anderlecht, Chelsea FC, West Bromwich Albion, Everton FC, Manchester United, Inter Milan, Chelsea FC, Inter Milan

PALMARÈS : Mondial des clubs (2021) ; championnat d'Italie (2021) ; Ligue des champions (2012) ; championnat de Belgique (2010)

Riyad MAHREZ

ALGÉRIE

À première vue, l'histoire de Riyad Mahrez ressemble à tant d'autres. Celle d'un gamin issu des quartiers populaires où les talents rivalisent entre eux. Sauf que pour l'international algérien, son talent ne saute pas aux yeux. Il n'est qu'un jeune ordinaire, un joueur technique comme les banlieues parisiennes en offrent à foison. Né à Sarcelles, formé à Quimper, Mahrez fait le grand écart pour entrevoir la lumière. « Quand Quimper (en 2009) m'a proposé un essai, j'avais 18 ans. Le billet de train coûtait 160 euros. J'ai dit à ma mère : "T'inquiète, je vais te les rendre, je vais percer." » Neuf ans après, Manchester City signe un chèque de 68 millions d'euros pour recruter le gamin du Val-d'Oise.

De ses débuts professionnels au Havre jusqu'à devenir une superstar en Angleterre, le parcours de Mahrez est celui d'un footballeur cabossé loin des lignes tracées des centres de formation. Alors qu'il rêve de l'OM, Marhez est dubitatif au moment de rejoindre Leicester, en 2014. Leicester, pour lui, c'est un club de rugby ! Bref, ce n'est pas pour l'amour du maillot des Foxes qu'il signe là-bas. Et pourtant, au beau milieu de l'Angleterre, il remporte le championnat et est élu meilleur joueur de Premier League en 2016. La surprise du siècle est signée un peu Vardy et beaucoup Mahrez. On sait maintenant partout qu'on ne joue pas qu'au rugby à Leicester. Les récompenses individuelles tombent les unes après les autres et avec City, il enchaîne tous les titres possibles sur le sol anglais : championnat, Cup et League Cup.

Une saison exceptionnelle, bonifiée dans la foulée par une splendide CAN. Le stratège des Fennecs prend les clés de sa sélection et offre à l'Algérie son billet pour la finale sur un coup franc décisif dans le temps additionnel. Vingt-neuf ans après Rabah Madjer, le football algérien s'est trouvé une nouvelle icône. Riyad Mahrez aurait pu jouer pour les Bleus, mais la fédération algérienne a eu le nez fin en raflant la mise avant la Coupe du monde 2014. Mahrez n'était encore personne. Juste avant que son étoile se mette à briller...

LE SAVIEZ-VOUS ?

Avant de flamber en Angleterre, Riyad Mahrez est proposé à l'OM l'hiver 2014. Mais Vincent Labrune, le président du club phocéen, recale la candidature de l'attaquant algérien. Quand l'agent de Mahrez lui envoie un e-mail pour lui proposer Riyad et Zinedine Ferhat, un talent brut du championnat d'Algérie, la réponse de Labrune tombe quelques heures plus tard. Cinglante. « Pensez-vous réellement que des joueurs de Leicester et de l'USM Alger peuvent aujourd'hui avoir leur place à l'OM dans le projet qui est le nôtre ? », écrit le boss de l'OM.

SON C.V.

NÉ le 21 février 1991 à Sarcelles (France)
TAILLE : 1,79 m / **POSTE :** attaquant

PARCOURS PROFESSIONNEL : Quimper, Le Havre, Leicester, Manchester City

PALMARÈS : Coupe de la League (2019, 2020, 2021) ; ; championnat d'Angleterre (2016, 2019, 2021, 2022) ; CAN (2019) ; Coupe d'Angleterre (2019) ; Community Shield (2018 et 2019)

Mike MAIGNAN

FRANCE

C'est bien malgré lui que Mike Maignan enfile les gants. Gardien de but, très peu pour le Guyanais. Il se rêve en joueur de champ à ses débuts. Un poste par défaut qu'il a finalement découvert en poussins pour dépanner, mais auquel on l'a fixé en raison de ses grandes qualités. Les anges gardiens stars que sont à l'époque les Gigi Buffon, Iker Casillas ou Fabien Barthez, ne font ni chaud ni froid à Maignan. Fan inconditionnel de l'ancien capitaine des Reds, il aime se prendre pour Steven Gerrard dans des concours de coups francs interminables. Pas aussi doué que son idole pour trouver les lucarnes, il bifurque de l'autre côté du mur pour devenir le gardien du temple. S'il est devenu un cauchemar à attaquant pour arrêter les penaltys, Maignan est donc avant toute chose un milieu « box to box » contrarié. Et aussi un Parisien refoulé !

Son transfert à Lille est un mélange de nostalgie mais aussi un mal pour un bien. Arrivé dans le Nord en 2015 comme doublure de Vincent Enyeama, le gardien formé au PSG a progressivement gravi les échelons jusqu'à la Ligue des champions. Ses prestations lui ont aussi ouvert les portes de l'équipe de France en juin 2019, avant de connaître sa première cape quelques mois plus tard contre l'Ukraine. Un essai validé qui confirme son avenir à ce poste en Bleu. La relève est assurée !

« Monsieur Propre » multiplie les coups d'éclat en club et les parades de « Magic Mike » contribuent au sacre lillois au nez et à la barbe de son club de cœur pour le titre de champion de France. Une première ligne à son palmarès. Sa présence et son jeu au pied ont écœuré plus d'un attaquant d'une Ligue 1 devenue trop petite pour lui. Direction l'Italie et un AC Milan en reconquête de son glorieux passé. Le gamin de Villiers-le-Bel, dans le Val-d'Oise, s'impose rapidement comme un titulaire indiscutable dans l'un des plus prestigieux clubs d'Europe. En quelques semaines, plus personne ne parle à Milanello de Donnarumma parti monnayer son talent au PSG. Un nouveau clin d'œil pour celui qui a toujours fait les bons choix de carrière ! L'Italien s'est envolé sans Scudetto et Maignan ramène le titre de champion à Milan pour sa première saison chez les rossonneri. Sacré bonhomme ! Un exemple à suivre pour un futur milieu de terrain de talent....

LE SAVIEZ-VOUS ?

En 2013, lors d'un entraînement du PSG, Mike Maignan est un jeune gardien issu du centre de formation et sert de souffre-douleur dans les cages à la rock star suédoise, l'attaquant vedette Zlatan Ibrahimović. À l'entraînement, Zlatan le mitraille dans la surface sans ménagement ! Sur une frappe puissante qui termine au fond des filets, Zlatan lâche un très peu fraternel : « Gardien de m... ». Sur l'action suivante, il revient et balance un boulet de canon, cette fois arrêté par Maignan qui lui répond sans trembler : « Attaquant de m... ». « Il m'a regardé, n'a rien dit et, une fois rentré au vestiaire, il m'a checké. Il m'a dit : "C'est bien, j'aime comment tu es, j'aime ta personnalité." Déjà que je l'aimais, ça m'a encore plus fait kiffer cette personne. »

SON C.V.

NÉ le 3 juillet 1995 à Cayenne
TAILLE : 1,91 m / **POSTE :** gardien de but

PARCOURS PROFESSIONNEL : professionnel : Paris SG, LOSC Lille, AC Milan

PALMARÈS : Championnat d'Italie (2022) ; championnat de France (2021) ; Ligue des nations (2021)

Sadio MANÉ

SÉNÉGAL

La fête n'a pu avoir lieu, le coronavirus ayant fait des siennes, mais l'événement est considérable outre-Manche. Au terme de la saison 2019-2020, Liverpool a remporté son 19e titre de champion d'Angleterre, mais surtout le tout premier en Premier League depuis la refonte de l'épreuve britannique en 1992. Un sacre après lequel les Reds couraient depuis 1990 ! Sadio Mané entre d'autant plus dans l'histoire du club qu'il a réalisé des prouesses tant sur le terrain qu'au point de vue statistique. Dès septembre 2019, lors de la victoire à Anfield contre Newcastle (3-0), non seulement il s'offre un doublé, mais il devient également le premier joueur de Premier League à disputer 50 matchs à domicile sans en perdre un seul ! Avec 41 victoires pour seulement 9 matchs nuls, et à la clé 35 buts inscrits plus 7 passes décisives, son bilan est impressionnant.

Arrivé sur la pointe des pieds à Anfield, le buteur africain s'est rendu indispensable. D'autant que son association devant, avec Mohamed Salah et Roberto Firmino, constitue certainement l'un des trios offensifs les plus redoutables du Vieux Continent. Introverti, Sadio Mané s'est forgé un caractère en béton armé. Il veut réussir. Il doit réussir. Et le ballon rond peut lui ouvrir cette perspective.

Enrôlé en 2005 à l'AS Génération Football, filiale formatrice du FC Metz à Dakar, le futur héros de la Casamance s'épanouit. Sur le terrain, mieux vaut ne pas lui laisser prendre de la vitesse. D'autant qu'il est impossible de lire ses choix. L'imprévisible Sénégalais peut aussi bien déborder avant de centrer que rentrer à l'intérieur pour frapper. Infernal dilemme pour les défenseurs, puisque Sadio Mané est aussi habile de son pied gauche que du droit. Pour ne rien gâter, il n'est pas maladroit de la tête. Son repli défensif n'est pas négligeable non plus. Mané au presque parfait...

À sa majorité, vu son potentiel, il rejoint le club lorrain. Deux saisons plus tard, il vit un transfert rocambolesque au Red Bull Salzbourg. Il devient le joueur africain le plus cher de l'histoire – 41 millions d'euros ! – en passant de Southampton à Liverpool en 2016 pour finalement arriver au Bayern Munich en 2022.

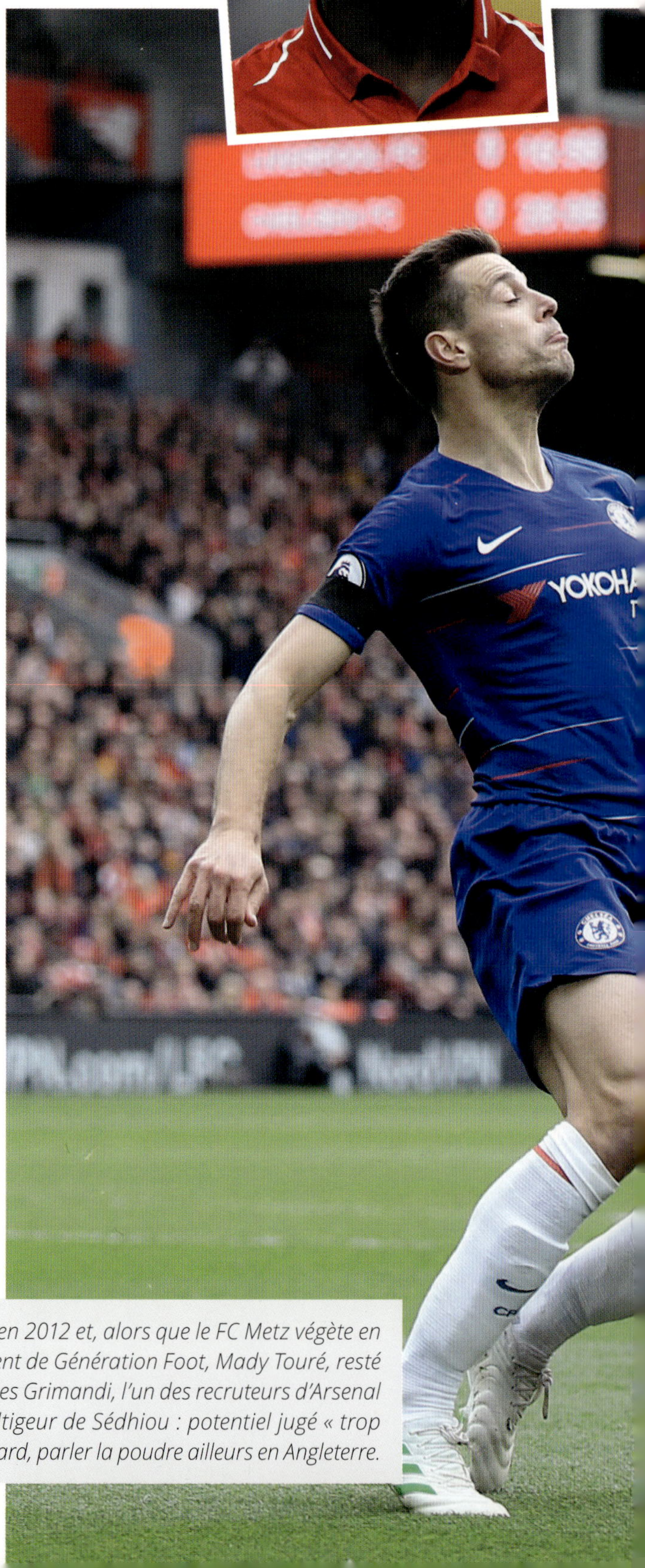

LE SAVIEZ-VOUS ?

Sadio Mané aurait pu devenir un Gunner. On est en 2012 et, alors que le FC Metz végète en National, Mané semble dans l'impasse. Le président de Génération Foot, Mady Touré, resté proche de l'attaquant sénégalais, le propose à Gilles Grimandi, l'un des recruteurs d'Arsenal à l'époque. Le verdict est amer pour le jeune voltigeur de Sédhiou : potentiel jugé « trop insuffisant ». Sans rancune, Sadio Mané fera, plus tard, parler la poudre ailleurs en Angleterre.

SON C.V.

NÉ le 10 avril 1992 à Sédhiou (Sénégal)
TAILLE : 1,75 m / **POSTE :** attaquant

PARCOURS PROFESSIONNEL : FC Metz, RB Salzbourg, Southampton FC, Liverpool FC, Bayern Munich

PALMARÈS : CAN (2022) ; Coupe d'Angleterre (2022) ; Coupe de la League (2022) ; championnat d'Angleterre (2020) ; Ligue des champions (2019) ; Coupe du monde des clubs (2019) ; Supercoupe de l'UEFA (2019) ; championnat d'Autriche (2013, 2014) ; Coupe d'Autriche (2014)

MARQUINHOS

BRÉSIL

Le PSG a parfois eu des allures de Seleção ! Une colonie brésilienne d'internationaux a fait danser la samba dans le vestiaire brésilien. Neymar, Thiago Silva, Dani Alves... Mais le meilleur d'entre eux n'était pas forcément celui que l'on croyait ! Le plus indispensable, le plus performant dans la durée, rarement blessé et toujours prêt à jouer pour le bien de l'équipe à un poste qui n'est pas le sien, c'est Marquinhos.

De son vrai nom Marcos Aoás Corrêa est une bénédiction pour un entraîneur. Un taulier discret au rapport qualité/prix indiscutable. C'est pour cela qu'à chaque été, les plus grands clubs (Juventus, FC Barcelone) toquent à la porte du PSG pour faire une offre sur laquelle le club parisien ne jette même pas un regard ! Marquinhos est intransférable, un point c'est tout ! Doté d'une maturité impressionnante dès son plus jeune âge, Marquinhos est un défenseur central complet. Rapide et efficace dans ses interventions, le Brésilien possède un sens du placement rare et une vision du jeu étonnante pour son poste de défenseur central.

Dans sa vie de footballeur, tout s'est passé très vite. Professionnel à 17 ans sous le maillot des Corinthians de São Paulo, Marquinhos file rapidement en Europe, à la Roma, où il s'impose. Il devient alors un joueur de l'équipe nationale à l'heure des premiers boutons d'acné. Les grosses cylindrées européennes lui font la cour, et le PSG made in Qatar sort son chéquier. Ce sera 35 millions d'euros pour s'attacher les services de la pépite *auriverde*. À ce prix-là, c'est l'avenir qui dira si c'est une bonne affaire. Et six ans après son arrivée dans la capitale, on peut le dire, c'était cadeau ! Vu les tarifs en pratique ces derniers temps pour des défenseurs, le PSG a réalisé une excellente affaire. Marquinhos est incontournable en club comme en sélection à 27 ans seulement ! Encore jeune mais déjà fort d'une sacrée expérience qui le voit remporter la médaille d'or olympique à Rio et former avec Miranda la charnière titulaire de la Seleção depuis le fiasco du Mondial 2014. Avec son français impeccable, Marquinhos est un capitaine en puissance du côté de la porte d'Auteuil. Pas le Brésilien le plus tape-à-l'œil qu'on ait vu au Parc des Princes, mais un patron sur le terrain à coup sûr !

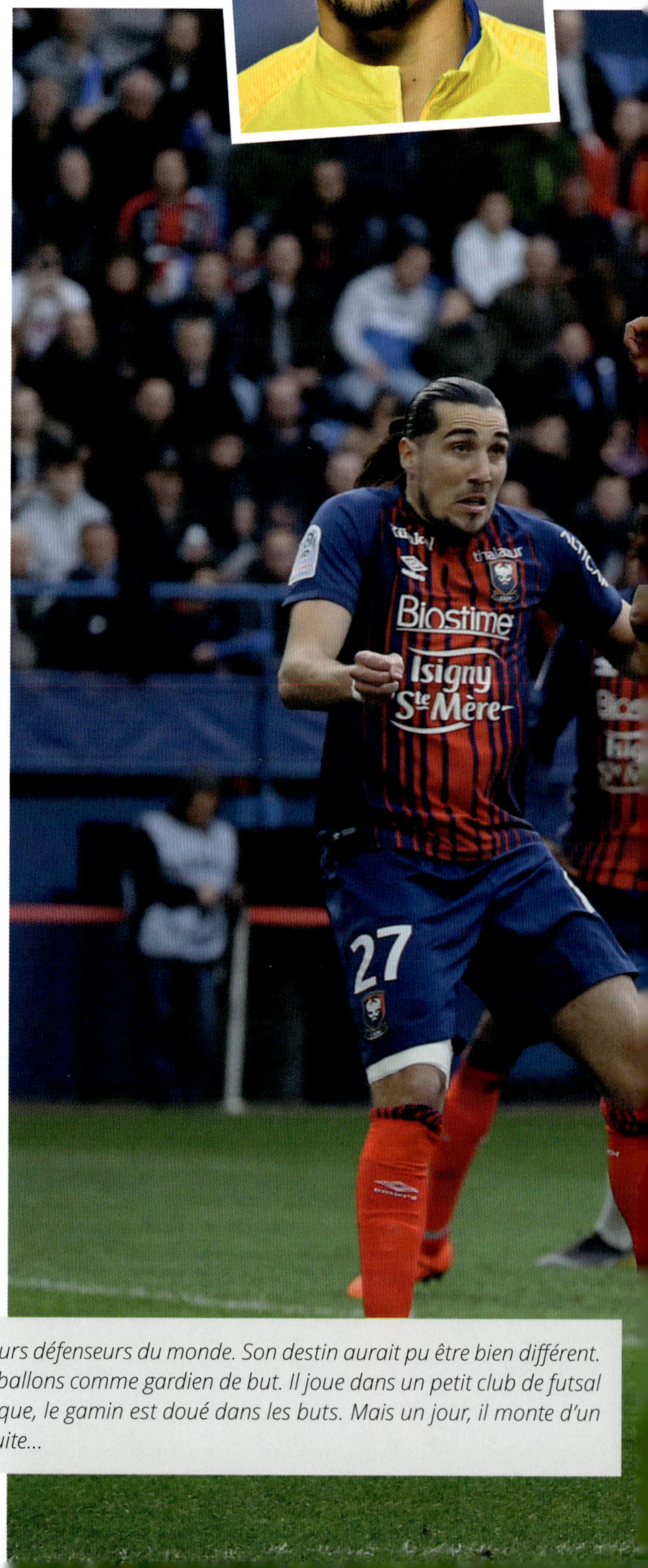

LE SAVIEZ-VOUS ?

À 25 ans, Marquinhos est aujourd'hui l'un des meilleurs défenseurs du monde. Son destin aurait pu être bien différent. Plus jeune, le petit Marquinhos touche ses premiers ballons comme gardien de but. Il joue dans un petit club de futsal du nom de SACI. Et d'après ses entraîneurs de l'époque, le gamin est doué dans les buts. Mais un jour, il monte d'un cran pour « dépanner » en défense. On connaît la suite...

SON C.V.

NÉ le 14 mai 1994 à São Paulo (Brésil)
TAILLE : 1,83 m / **POSTE :** défenseur

PARCOURS PROFESSIONNEL : Corinthians SP, AS Roma, Paris SG

PALMARÈS : championnat de France (2014, 2015, 2016, 2018, 2019, 2020, 2022) ; Trophée des champions (2014, 2015, 2017, 2018, 2019) ; Coupe de France (2015, 2016, 2017, 2018, 2020, 2021) ; Coupe de la Ligue (2014, 2015, 2016, 2017, 2018, 2020) ; jeux Olympiques (2016)

Anthony MARTIAL

FRANCE

Le 11 à la place du 9. Anthony Martial s'est incliné devant le choix du roi. Lorsque Zlatan Ibrahimović débarque à Manchester United, à l'été 2016, le géant suédois peste contre le fait qu'un jeune international français lui ait « volé » son maillot fétiche. Sans en avoir été informé, l'ancien Lyonnais se retrouve affublé du numéro 11 chez les Red Devils. Certains auraient pu piquer une crise, mais ce n'est pas trop dans le comportement de l'ailier francilien. Lui estime qu'il a encore tout à prouver en Angleterre.

Depuis ses premiers dribbles aux Bergères, le quartier des Ulis où il a grandi, Anthony Martial ne fait pas de vagues. Pas question non plus de prendre la grosse tête, malgré son statut. « Si je change, mes grands frères seront les premiers à me mettre une tarte », s'amuse le cadet. Depuis ses débuts à la formation de l'OL, la personnalité du garçon est difficile à sonder. Son regard sombre et profond laisse rarement percer le moindre sentiment. Pudique et discret, celui que certains observateurs ont baptisé le « nouveau Thierry Henry » garde pour lui ses doutes et ses joies. « Je suis quelqu'un de calme, posé, qui aime bien rigoler. J'entends dire que je suis fermé, mais ça n'a rien à voir ! », se défend le perce-muraille. En Angleterre, d'anciens Diables rouges, comme Paul Scholes, s'agacent de son impavidité : « Martial, quand il rate une occasion, il n'est pas fâché ! »

Transféré de l'AS Monaco à Manchester United en août 2015 pour 80 millions d'euros, le jeune homme d'origine martiniquaise ne recule pourtant pas devant l'ampleur de la tâche. Grâce à quelques fulgurances, à défaut d'être régulier, l'espoir tricolore épate les fans d'Old Trafford. « À part le climat, tout me plaît à Manchester. Les gens sont respectueux ici », s'enflamme l'Essonnien. Il séduit par ses audaces et fracture les défenses adverses. Zlatan en profite, puis ce sera au tour de Romelu Lukaku. « À gauche, je touche beaucoup plus de ballons. Je peux ainsi provoquer et jouer sur mes qualités », précise-t-il. Trop discret chez les Bleus, il se retrouve barré par le phénomène Mbappé à l'approche du Mondial 2018. Sans se mettre de pression, Anthony Martial continue d'avancer. La chance finira bien par repasser.

LE SAVIEZ-VOUS ?

Son frère aîné Johan est aussi joueur professionnel, au poste de défenseur central. Après être passé par Bastia, Brest et Troyes, le frangin a décidé de signer dans un club israélien en 2017, en intégrant l'effectif du Maccabi Petah-Tikva. Sélectionné en équipe de France Espoirs, Johan Martial a finalement renforcé la sélection martiniquaise et a même participé à la Gold Cup, l'équivalent de l'Euro en Amérique du Nord, en Amérique centrale et aux Caraïbes.

SON C.V.

NÉ le 5 décembre 1995 à Massy (France)
TAILLE : 1,84 m / **POSTE :** attaquant

PARCOURS PROFESSIONNEL : Olympique Lyonnais, AS Monaco, Manchester United, Séville FC, Manchester United

PALMARÈS : Ligue Europa et Coupe de la League (2017) ; Coupe d'Angleterre (2016) ; Community Shield (2016)

Lautaro MARTÍNEZ

ARGENTINE

Lautaro Martínez pourrait bien, dans un avenir proche, s'inscrire dans la lignée des grands *goleadors* argentins, de Mario Kempes à Carlos Tévez. Car « El Toro » est non seulement un incroyable compétiteur, qui aime aller au contact, mais aussi un épatant chasseur de buts. Il rappelle par cette qualité un certain Gabriel Batistuta. D'autres lui trouvent un style hybride entre celui de Gonzalo Higuain et celui de Sergio Agüero. Rien que ça ! Et lorsque l'on sait que, lors de la Copa América 2019, Lionel Messi a adoubé ce puncheur hors pair capable, grâce à sa polyvalence, d'évoluer dans n'importe quel système – en avant-centre pur, à deux pointes ou même en soutien de l'attaquant –, on tient là une future icône.

En décembre 2018, il entre dans le cœur des *tifosi* de l'Inter lors d'un choc contre Naples, en inscrivant l'unique but durant le temps additionnel. Idéal pour se mettre dans la poche les supporters *nerazzurri*. Cinq mois plus tôt, pour la somme de 23 millions d'euros, Lautaro Martínez est arrivé dans la capitale lombarde sur les conseils de Wanda Nara, l'épouse de Mauro Icardi et accessoirement agent de footballeurs. Lautaro débarque avec, déjà, une belle réputation de l'autre côté de l'Atlantique. Au Racing Club, l'un des nombreux clubs de Buenos Aires, il brille de mille feux sous le maillot de l'Academia.

Pourtant, tout ne fut pas rose en Argentine car, adolescent, Lautaro Martínez a été retoqué par Boca Juniors. L'amertume est de taille, mais le *niño* est un acharné. Ancien joueur, son père Mario le pousse au quotidien. Lui n'a jamais pu percer et il croit à la destinée du fiston. Avec sa *grinta*, il ne lui faut pas trente-six occasions pour trouver le chemin des filets. Malgré sa modeste taille, il surprend même par son efficacité de la tête. Au Racing Club, Lautaro Martínez a débuté en défense centrale. Parfait pour se montrer efficace dans cet exercice. Devant un tel génie, on s'agite dans le landernau des ténors européens et, dès 2020, le Barça tentait d'enrôler le petit taureau.

LE SAVIEZ-VOUS ?

À 18 ans, Lautaro Martínez, avec son caractère en acier trempé, refuse une offre du prestigieux Real Madrid, car il veut d'abord réussir sous les couleurs du Racing Club, notamment en Copa Libertadores, avant de rejoindre l'Europe. Un fait rarissime, révélé par le président de l'équipe argentine en personne, Victor Blanco, au quotidien Mundo Deportivo.

SON C.V.

NÉ le 22 août 1997 à Bahía Blanca (Argentine)
TAILLE : 1,74 m / **POSTE :** attaquant

PARCOURS PROFESSIONNEL : Racing Club, Inter Milan

PALMARÈS : Coupe d'Italie (2022) ; Copa America (2021) ; championnat d'Italie (2021)

Kylian MBAPPÉ

FRANCE

Né un 30 juin 2018. Même si, pour l'état civil, Kylian Mbappé a vu le jour avant Noël, d'un point de vue footballistique, la planète a découvert une petite merveille un jour d'été russe. Lors de ce huitième de finale de Coupe du monde disputé à Kazan, le précoce attaquant des Bleus s'apprête à désintégrer la défense argentine. À lui seul. Comme un grand.

On joue la onzième minute lorsque le gamin de Bondy, fils de Fayza et Wilfrid, lance un contre fulgurant. Flashé à 37 kilomètres/heure, « Razmoket » remonte tout le terrain russe, avant d'être stoppé illicitement en pleine surface par Marcos Rojo. Le penalty est transformé par Antoine Griezmann, et c'est le début d'un festival tricolore, avec la conclusion que l'on connaît et ce mémorable succès (4-3), serti d'un doublé signé par un môme de dix-neuf ans. Bien sûr, Kylian Mbappé n'est alors plus un inconnu.

Dès ses débuts avec l'AS Monaco en Ligue des champions, le surdoué plante ses premières banderilles. Manchester City, le Borussia Dortmund, la Juventus et toute l'Europe découvrent l'audace de la nouvelle perle du football français. Outre sa pointe de vitesse supersonique, Kylian Mbappé impressionne par sa maturité sur le pré. Avec un sens inné du réalisme et un sang-froid devant le but, il martyrise les gardiens adverses. Et ce n'est pas tout : en dehors des stades, le jeune homme, d'un aplomb déconcertant, marque aussi les esprits par son calme, ses propos lucides et son aisance devant le micro. Les Guignols le présentent même en conseiller des grands de ce monde. Trump, Macron et Merkel n'ont qu'à bien se tenir ! La « Mbappémania » ne fait que commencer…

Champion du monde, buteur en finale, félicité par le roi Pelé en personne, bourreau des « stats », Mbappé bat tous les records de précocité. Par ses innombrables buts évidemment. Mais aussi en termes économiques. Après son transfert au PSG en 2017, les chiffres s'emballent, les compteurs s'affolent et déclenchent tous les fantasmes. Même le grand Real Madrid est toujours prêt à toutes les folies pour attirer l'enfant de Bondy.

LE SAVIEZ-VOUS ?

P't'être ben que non ! À l'été 2011, Kylian Mbappé aurait pu devenir normand. Sur les tablettes de Caen, le gamin de 13 ans attire déjà les convoitises et le stade Malherbe se met sur les rangs. Seulement, en difficulté sportive, le club du Calvados se serre la ceinture et décide de ne pas débourser les 60 000 euros pour recruter la pépite de l'AS Bondy. Le président de l'époque, Jean-François Fortin, préfère sauver des emplois. Adieu Kylian, le jeune Parisien file dès lors à l'INF Clairefontaine.

SON C.V.

NÉ le 20 décembre 1998 à Paris (France)
TAILLE : 1,78 m / **POSTE :** attaquant

PARCOURS PROFESSIONNEL : AS Monaco, Paris SG

PALMARÈS : Ligue des nations (2021) ; Coupe de France (2018, 2020, 2021) ; Coupe de la Ligue (2018, 2020) ; championnat de France (2017, 2018, 2019, 2020, 2022) ; Coupe du monde (2018)

Édouard MENDY

SÉNÉGAL

Désigné meilleur gardien de l'année 2021 par l'UEFA, Édouard Mendy peut être fier de son parcours. D'autant plus qu'au-delà de ses exploits dans la cage en clubs, le portier sénégalais a soulevé le trophée de la CAN en février 2022 et fait triompher les Lions de la Teranga en finale à Yaoundé contre l'Égypte (0-0 après prolongation, 4-2 aux tirs au but). Dans la foulée, contre ces mêmes Pharaons, il fut l'un des principaux artisans à la qualification de son équipe pour le Mondial au Qatar. On est alors bien loin du Havre où deux décennies plus tôt, le gamin de Montvilliers a découvert le rôle de gardien de but.

Le longiligne adolescent a tout pour percer. Mais il se retrouve d'abord au CS Services municipaux du Havre, avant d'échouer à Cherbourg, alors en National. Rétrogradé administrativement en Division d'Honneur, le club de la Manche ne peut plus assurer les revenus de ses joueurs et Édouard Mendy se retrouve au chômage. Dans l'impasse, son passage à l'OM tourne court, le Franco-Sénégalais sert de doublure à Steve Mandanda et Yohann Pelé. C'est finalement le Stade de Reims qui, en 2016, lui donne sa chance en Ligue 1. Pendant trois ans, Édouard Mendy va se révéler en Champagne et devient une référence dans l'Hexagone. Une impression qui va se confirmer du côté de Rennes où sa présence dans la surface et ses arrêts réflexes rassurent ses défenseurs. Au Roazhon Park, il découvre également le plaisir d'en découdre lors des joutes européennes, au cours des soirées de Ligue Europa.

En septembre 2020, le Normand traverse le *Channel* et débarque à Londres où Chelsea lui propose un contrat de cinq ans. L'entraîneur Frank Lampard lui offre la place de numéro un, au détriment de l'Espagnol Kepa. Mendy s'impose en Premier League comme l'un des meilleurs spécialistes gantés. Summum atteint chez les *Blues* en mai 2021, avec ce succès en C1 contre Manchester City (1-0), finale durant laquelle il préserve sa cage inviolée. Sûr de lui grâce à ses appuis, impressionnant par son efficacité sur la ligne et d'une souplesse féline, il fait aussi preuve d'une belle aisance dans le jeu aérien. Une option essentielle pour réussir au Royaume-Uni.

LE SAVIEZ-VOUS ?

Cousin d'Édouard Mendy, le latéral gauche du Real Madrid et ex-défenseur de l'Olympique Lyonnais, Ferland Mendy, a, pour sa part, choisi de jouer en sélection avec l'équipe de France. En revanche, les deux hommes n'ont aucun lien de parenté avec Benjamin Mendy, l'ancien latéral de l'OM et des Bleus. Tous deux se sont d'ailleurs agacés d'avoir été confondus sur certains clichés parus dans les tabloïds anglais avec l'ancien Marseillais en proie à des déboires judiciaires outre-Manche.

SON C.V.

NÉ le 1er mars 1992 à Montvilliers (France)
TAILLE : 1,95 m / **POSTE :** gardien

PARCOURS PROFESSIONNEL : AS Cherbourg, Olympique de Marseille, Stade de Reims, Stade Rennais, Chelsea FC

PALMARÈS : Coupe d'Afrique des Nations (2022) ; Mondial des clubs (2022) ; Ligue des champions (2021)

Ferland MENDY

FRANCE

Dans la famille des Mendy du ballon rond, il y a Bernard, Benjamin, Édouard, Étienne et tous les autres, qui ont foulé les pelouses de Ligue 1. Mais aucun d'entre eux n'a ensuite posé ses crampons au Real Madrid. Si Ferland n'égare pas le ballon en route dans la festive capitale espagnole, c'est la voie royale pour se construire le plus beau des palmarès de tous ses homonymes. L'histoire est belle ! Passer du Havre au mythique club entraîné par Zidane, et ça, en deux saisons, qui dit mieux ? En un temps record, ce bon Ferland a donc mis à ses pieds : la Ligue 2, la Ligue 1, l'Olympique Lyonnais et l'équipe de France. Rien que ça ! Le voilà dans le vestiaire le plus prisé au monde. Un rêve bien réel.

Pourtant, si sa story était un film, ce ne serait pas *Itinéraire d'un enfant gâté*. Un parcours chaotique saupoudré de problèmes de discipline, l'affaire n'est pas bien engagée. Passé par le centre de formation du Paris Saint-Germain entre 2005 et 2012, le joueur en aurait été renvoyé à cause d'une blessure qui devait briser sa carrière (une arthrite à la hanche contractée à 14 ans). « Pendant trois mois, j'étais à l'hôpital Necker, plâtré. Les médecins me disaient que le foot, c'était fini pour moi, ils me parlaient même d'amputation. » Mendy bouscule et peut déranger. Il vient de la cité, parle fort, joue bien. La génération est dorée : Kimpembe, Coman, Rabiot, Moussa Dembélé et Ferland Mendy à la sono. C'est un ambianceur jamais à court de blagues et de provocations. Un comportement qui s'explique peut-être par la disparition de la figure paternelle. La mort du papa est un point de bascule dont Ferland ne parle jamais. Encore aujourd'hui, impossible de percer l'armure, Fernand Mendy verrouille toute cette partie de sa vie.

La galère aurait pu être son quotidien, mais le garçon a de la ressource. L'air normand du Havre va lui faire le plus grand bien. Trois saisons et une cinquantaine de matchs en Ligue 2, il remporte sa première distinction individuelle : meilleur latéral gauche du championnat. De quoi rallumer la flamme et signer à Lyon. Pas vraiment parti pour être un titulaire en puissance, il s'impose et de nouveau confirme avec le titre de meilleur arrière gauche, cette fois-ci en Ligue 1. La passe de trois en Liga ? *Se puede !*

LE SAVIEZ-VOUS ?

Avant d'être appelé par Didier Deschamps en équipe de France, le latéral du Real Madrid n'avait jamais été sélectionné avec les équipes de France de jeunes. Sa sérieuse blessure à la hanche lorsqu'il était en préformation au Paris Saint-Germain a failli le contraindre à arrêter le football. Il a donc découvert le château de Clairefontaine pour honorer sa première sélection avec les A.

SON C.V.

NÉ le 8 juin 1995 à Meulan-en-Yvelines (France)
TAILLE : 1,78 m / **POSTE :** défenseur

PARCOURS PROFESSIONNEL : Le Havre AC, Olympique Lyonnais, Real Madrid

PALMARÈS : Ligue des champions (2022) ; Supercoupe d'Espagne (2020) ; championnat d'Espagne (2020, 2022)

Dries MERTENS

BELGIQUE

Médaille de bronze autour du cou, c'est à genoux que Dries Mertens a rejoint le balcon sur la Grand-Place de Bruxelles. En ce mois de juillet 2018, la Belgique vient de monter pour la première fois de son histoire sur le podium d'une Coupe du monde, après son épopée en Russie (3e). Derrière les sourires de circonstance, « Little Big Man » a aussi rappelé que sa modeste taille a failli lui coûter une carrière au plus haut niveau.

Recalé à Anderlecht durant son adolescence, car jugé trop fluet, Dries Mertens s'est longtemps retrouvé dans l'impasse. En Espagne ou en Argentine, le lutin magique aurait fait un malheur. Mais, en Belgique, les éducateurs préfèrent se tourner vers les colosses. Soutenu par son coach à Alost, Étienne De Wispelaere, le jeune Flamand ne ménage pourtant pas ses efforts sur les pelouses d'outre-Quiévrain. Dans les divisions inférieures belges, on craint le pire pour ce modeste gabarit lors de rencontres rugueuses mais, bien au contraire, il s'y illustre grâce à son toucher de balle.

Avec un avenir bouché dans son propre pays, le jeune Mertens, alors âgé de 19 ans, choisit de s'exiler chez le voisin néerlandais. En plein anonymat près de Nimègue, il se soutient mutuellement avec son compatriote Nacer Chadli. Après trois ans dans l'antichambre de l'élite néerlandaise, il découvre enfin, à 22 ans, le football huppé du côté du FC Utrecht. Sa patience est alors récompensée. Le voilà désigné deuxième meilleur joueur de l'Eredivisie, derrière l'impressionnant Luis Suárez, déjà starisé à l'Ajax Amsterdam. Même le football anglais vise maintenant cette fine gâchette, généreux dans l'effort et d'une vivacité déconcertante.

Complet dans tous les compartiments de l'attaque, il finit, en 2011-2012, meilleur buteur et meilleur passeur du PSV Eindhoven qu'il a rejoint l'été précédent. Devenu international, en février 2011, en remplaçant son ami Nacer Chadli contre les Pays-Bas (4-2), Dries Mertens voit sa cote décoller. En juin 2013, les Napolitains lui ouvrent grand les bras. Le feu follet belge réussit des prouesses au stade San Paolo et les tifosis s'emballent. Dries Mertens a définitivement réussi son pari.

LE SAVIEZ-VOUS ?

Longtemps caché, le geste de Dries Mertens a fini par faire le tour des réseaux sociaux en Italie. C'est aussi la presse locale, en l'occurrence le Corriere della Sra *qui l'a révélé : l'attaquant a prouvé son attachement au peuple napolitain lorsqu'il est venu en aide aux nécessiteux en offrant des pizzas. « J'ai essayé d'aider autant que je le pouvais. » Ou quand le Diable déploie ses ailes d'ange...*

SON C.V.

NÉ le 6 mai 1987 à Louvain
TAILLE : 1,69 m / **POSTE :** attaquant

PARCOURS PROFESSIONNEL : Eendracht Alost, AGOVV Apeldoorn, FC Utrecht, PSV Eindhoven, SSC Naples

PALMARÈS : Coupe d'Italie (2014, 2020) ; Coupe des Pays-Bas (2012)

Lionel MESSI

ARGENTINE

Lors d'un derby contre l'Espanyol, le génie du football a encore inventé un geste insensé. Un de plus. Et c'est tout un Camp Nou qui s'est frotté les yeux en découvrant ce but inscrit sur coup franc par Lionel Messi… à la suite d'une « panenka » ! Repoussant les limites footballistiques, l'Argentin continue de battre tous les records avec le FC Barcelone. On ne sait plus par quel bout prendre la kyrielle d'exploits et de performances chiffrées accumulés par le numéro 10.

Mais en sélection, son influence a du mal à s'imposer. À tel point qu'après l'élimination de l'Albiceleste en huitièmes de finale du Mondial russe contre l'équipe de France (3-4), « Leo » Messi a annoncé sa retraite internationale. Un choc pour l'Argentine aussi mal ressenti que la récession économique vécue dans tout le pays. Finalement, après quelques mois d'abstinence, l'enfant prodige est revenu en mars 2019 avec le groupe argentin. Un come-back sous le signe d'une nouvelle désillusion, au terme d'une piteuse prestation contre le modeste Venezuela (1-3). Le tout assorti d'une blessure au pubis qui l'a contraint de rentrer plus tôt que prévu à Barcelone…

Les problèmes de santé, Leo connaît. Malgré de sérieux soucis de croissance à l'adolescence, le jeune Argentin est la pépite la plus choyée du côté de La Masia, le réputé centre de formation du FC Barcelone. Les éducateurs catalans bichonnent la Pulga, cette puce savante débarquée dans leur berceau, comme une offrande des dieux sud-américains. Le gamin de Rosario, dans le nord de l'Argentine, était déjà le chouchou du club local des Newell's Old Boys. Les médecins catalans lui imposent un lourd traitement, à base d'injections d'hormones pour que le *niño* ne soit pas handicapé par sa taille. À tout juste 17 ans, s'étant forgé un corps d'athlète, Leo Messi découvre la Liga avec le grand Barça, et 2004 marque alors le début d'une histoire brodée en lettres d'or. L'infernal Argentin explose tout avec les Blaugrana et glane, au fil des saisons, les plus belles récompenses. Le bonheur est maintenant complet avec la victoire de l'Albiceleste à la Copa America 2021.

LE SAVIEZ-VOUS ?

Un quintuplé et deux passes décisives, avec une victoire 16-0 à la clé, Messi frappe fort avec le Barça ! Il ne s'agit pourtant pas de Lionel, mais du fiston, Thiago, qui du haut de ses 6 ans suit les traces du paternel. Avec son équipe juvénile à La Masia, Messi Junior brille, mais commence par posséder un œil critique. « Il aime me regarder, me poser des questions et, quand les choses vont mal, il me donne des notes », s'amuse papa Leo.

SON C.V.

NÉ le 24 juin 1987 à Rosario (Argentine)
TAILLE : 1,70 m / **POSTE :** attaquant

PARCOURS PROFESSIONNEL : FC Barcelone, Paris SG

PALMARÈS : championnat de France (2022) ; Coupe Intercontinentale (2022) ; Copa America (2021) ; championnat d'Espagne (2005, 2006, 2009, 2010, 2011, 2013, 2015, 2016, 2018, 2019) ; Coupe d'Espagne (2009, 2012, 2015, 2016, 2017, 2021) ; Ligue des champions et Coupe du monde des clubs (2009, 2011, 2015) ; jeux Olympiques (2008) ; 6 fois Ballon d'or (2009, 2010, 2011, 2012, 2015, 2019)

Mason MOUNT

ANGLETERRE

Les entraîneurs italiens n'ont pas vraiment eu le nez creux. Pas plus Maurizio Sarri qu'Antonio Conte, qui se sont succédé à la tête de Chelsea entre 2016 et 2019, n'ont cru en Mason Mount. Et c'est ainsi que, tout juste professionnel, le « Pompey Boy » (surnom donné aux personnes originaires de Portsmouth) a dû s'exiler. À 18 ans, le prodige anglais a le cran de s'imposer loin de chez lui et brille d'emblée en Eredivise néerlandaise. Du côté du Vitesse Arnhem, on se délecte du formidable potentiel du gamin sans complexe. Adepte d'un pressing incessant et d'une intelligence rare dans l'utilisation de la balle, Mason Mount n'est jamais désarçonné quand un adversaire vient au contact. C'est un « talent génial », affirme son coach d'alors, Marc van Hintum. Ses dribbles et sa capacité à éliminer en un contre un complètent un tableau déjà impressionnant.

En fin de saison aux Pays-Bas, l'Ajax et le PSV, les deux géants locaux, louchent sur la perle rare. Finalement, ce sera un retour au bercail, mais pas tout de suite, au sein de l'élite. Le phénomène débarque à Derby County, certes pensionnaire de Championship (l'équivalent de la L2), mais y retrouve un certain Frank Lampard sur le banc. Dès la saison suivante, nommé à la tête des Blues, l'ancien milieu de Chelsea rapatrie avec lui un Mason Mount passionné de football depuis sa plus tendre enfance. Encore tout frêle, le gamin intègre l'équipe de Boarhunt FC, club qui, comme par hasard, est une académie locale de Chelsea !

Véritable acharné des crampons, Mason respire le football. Ses proches sont persuadés que leur protégé va percer au plus haut niveau. Dès ses 6 ans, il monte sur la capitale et intègre la formation de Chelsea. Son père Tony a tout de même hésité : le grand club londonien a la réputation de faire la part belle aux stars et de négliger ses propres pépites. « J'ai expliqué à Mason que, depuis John Terry, Chelsea n'avait intégré dans son groupe pro aucun de ses poulains. » Le fiston a répondu avec aplomb qu'il serait le prochain ! Devenu titulaire, Mount a atteint précocement des sommets, au point de disputer la finale de la Ligue des champions à tout juste 22 ans.

LE SAVIEZ-VOUS ?

Auteur du second but contre le Real Madrid, au match retour de la demi-finale de Ligue des champions, le 5 mai 2021, Mason Mount a non seulement répondu sur le terrain à Toni Kroos, mais aussi en paroles. Le milieu allemand s'était fendu de propos peu aimables, en affirmant qu'aucun joueur de Chelsea ne l'empêchait de dormir. « Peut-être qu'il va maintenant faire plus d'insomnies à cause de nous en tant qu'équipe », lui a répliqué le jeune espoir anglais au service du collectif.

SON C.V.

NÉ le 10 janvier 1999 à Portsmouth
TAILLE : 1,78 m / **POSTE :** milieu de terrain

PARCOURS PROFESSIONNEL : Chelsea FC, Vitesse Arnhem, Derby County, Chelsea FC

PALMARÈS : Ligue des champions (2021) ; Mondial des clubs (2021) ; Coupe intercontinentale (2021)

Manuel NEUER

ALLEMAGNE

Le gamin se sent pousser des ailes. En plein match, il n'est pas rare qu'il abandonne sa zone pour monter en attaque. Son père Peter le confirme, se souvenant de son fiston à une dizaine d'années : « Manuel aimait son poste de gardien de but, mais il voulait tellement participer au jeu ! » En dépit d'une certaine aisance technique, l'adolescent est ensuite dans le collimateur de ses formateurs.

Dans les catégories jeunes à Schalke 04, malgré d'excellentes prestations et son assiduité aux entraînements, le *kind* est jugé trop frêle. Il faut l'intervention de Lothar Matuschak, l'un des meilleurs techniciens de l'ombre outre-Rhin, auprès des dirigeants pour sauver la place du jeune Neuer au centre de formation. Lui est persuadé que le mental du môme est exceptionnel. Place au physique. L'année suivante, après une croissance tardive, le portier en herbe prend enfin 20 centimètres – il mesure aujourd'hui 1 mètre 93 pour 92 kilos ! – et s'épaissit. « Il devient imposant dans son but, se remémore l'un de ses coaches, Bodo Menze, mais Manuel a des mouvements très fluides, coordonnés, comme ceux d'un danseur de ballet. » Son audace technique offre aussi à son équipe des solutions. Il est considéré comme un premier attaquant, grâce à son coup d'œil, sa précision au pied et son savoir-faire pour initier les actions. Tout juste majeur, « BeckenNeuer » passe pro à Schalke et, en quelques mois, chipe sa place de titulaire à Frank Rost. Au printemps 2011, le choix est cornélien : sur la table de la famille Neuer, une proposition de contrat au Bayern Munich. La force des racines et l'amour du maillot contre l'ambition et la promesse du palmarès ? Lui l'ancien ultra de la Nordkurve de la Veltins-Arena finit par céder aux sirènes bavaroises.

La gloire et les titres sont à portée de gants avec les Roten, mais aussi sous le maillot d'une Allemagne championne du monde au Brésil. Un piédestal fragilisé par de graves blessures, dont l'une l'a écarté des terrains plusieurs mois, après l'opération d'un pied. Mais le chat ganté est vite retombé sur ses pattes, en se frisant les moustaches en Bundesliga. Manuel Neuer demeure au sommet de son art.

LE SAVIEZ-VOUS ?

De jeunes réfugiés afghans, irakiens ou syriens croisent parfois l'idole. C'est en 2014 que Manuel Neuer a créé la Fondation Manus, dans le quartier de Buer, à Gelsenkirchen. La structure socioculturelle accueille une centaine d'enfants issus de familles en difficulté. Malgré son statut de privilégié, le gardien de la Nationalmannschaft n'a pas oublié ses origines prolétaires, dans une Ruhr en pleine désindustrialisation, là même où il a grandi.

SON C.V.

NÉ le 27 mars 1986 à Gelsenkirchen (Allemagne)
TAILLE : 1,93 m / **POSTE :** gardien de but

PARCOURS PROFESSIONNEL : Schalke 04, Bayern Munich

PALMARÈS : Ligue des champions et Coupe du monde des clubs (2020) ; championnat d'Allemagne (2013, 2014, 2015, 2016, 2017, 2018, 2019, 2020, 2021, 2022) ; Coupe d'Allemagne (2011, 2013, 2014, 2016, 2019, 2020) ; Coupe du monde (2014) ; Ligue des champions, Supercoupe d'Europe et Coupe du monde des clubs (2013)

NEYMAR

BRÉSIL

Un dicton brésilien raconte que « la foudre ne tombe jamais deux fois au même endroit, mais, à Santos, elle est tombée trois fois : pour Pelé, pour Robinho et pour Neymar ». Très vite, tout le Brésil entend parler de ce nouveau génie du football national. Neymar s'affirme à 17 ans comme le nouveau roi du football brésilien. Avec le club historique de Pelé, il récolte des titres à la pelle, dont une Copa Libertadores en 2011.

Mais à la différence du roi Pelé, le clan Neymar ne résiste pas aux sirènes de l'argent des grands clubs européens. Le Barça rafle la mise officiellement pour 57 millions. Pour son premier Clásico face au Real Madrid, le nouveau numéro 11 ouvre le score et délivre une passe décisive pour une victoire 2-1 du Barça. Il empile les trophées en Catalogne et signe de son talent la « remontada » fatale au PSG en Ligue des champions. Paris décide alors de faire sauter la banque pour 222 millions d'euros et de s'offrir le joyau brésilien. Neymar, dans l'ombre de Lionel Messi à Barcelone, débarque au Paris Saint-Germain en rock star. Attendu au Parc des Princes comme le Messie, il éclabousse de sa classe la Ligue 1, ne laisse plus à Edinson Cavani les penaltys, mais ne réussit pas à faire passer un cap en Coupe d'Europe au club parisien. Pire, souvent blessé quand on a besoin de lui, il doit partager la vedette avec le tout nouveau champion du monde français Kylian Mbappé. De quoi se poser des questions !

L'ex-capitaine peut compter sur la Seleção pour reprendre des couleurs. Pas si sûr ! Sévèrement touché au dos face à la Colombie, il assiste en spectateur à l'humiliation nationale au Mondial brésilien 2014. Quatre ans plus tard, les Auriverde sont les grands favoris du Mondial russe et le Brésil échoue encore, avec un Neymar plus souvent occupé à se rouler par terre qu'à faire trembler les filets. À l'été 2019, il déclare forfait pour la Copa America suite à une énième blessure à la cheville. Le sort semble s'acharner pour Neymar, qui a perdu de sa superbe. Le Barça souhaite le récupérer et le Real Madrid est à l'affût, mais le PSG ne veut pas le lâcher. Le club parisien laisse passer l'orage et espère que la foudre tombera au Parc des Princes…

LE SAVIEZ-VOUS ?

L'échographie coûtant trop cher pour la famille Neymar, ses parents n'ont connu le sexe de leur fils que le jour de l'accouchement. Le prénom préféré de la maman est Mateus, mais la famille hésite. Bébé Neymar est resté une semaine sans prénom jusqu'au jour où le papa, Neymar Senior, se décide à déclarer la naissance. Avec sa femme, ils ont opté pour Mateus mais sur le chemin, le père change d'avis et l'appelle Neymar Junior. Ainsi est né Neymar !

SON C.V.

NÉ le 5 février 1992 à Mogi das Cruzes (Brésil)
TAILLE : 1,75 m / **POSTE :** attaquant

PARCOURS PROFESSIONNEL : Santos, FC Barcelone, Paris SG

PALMARÈS : championnat de France (2018, 2019, 2020, 2022) ; Coupe de France (2018, 2020, 2021) ; Coupe de la Ligue (2018, 2020) ; Coupe d'Espagne (2015, 2016, 2017) ; jeux Olympiques et meilleur buteur des JO (2016) ; championnat d'Espagne (2015, 2016) ; Ligue des champions (2015) ; Coupe des Confédérations et Supercoupe d'Espagne (2013) ; Copa Libertadores et meilleur buteur de la Copa Libertadores (2011) ; Coupe du Brésil (2010)

Christopher NKUNKU

FRANCE

Le point commun entre Nicolas Anelka, Kingsley Coman, Moussa Diaby et Christopher Nkunku ? Ils jouent tous à un poste offensif, mais pas seulement. À des époques différentes, ils sont tous allés chercher leur bonheur loin de leur club formateur. Le PSG aurait-il un problème avec ses jeunes ? Incapable de garder ses meilleures pousses ou de leur offrir du temps de jeu à la sauce qatarie. Le feu follet du RB Leipzig ne fait pas exception à la règle. En partant en Bundesliga, il est devenu une star du championnat allemand, international français et il se murmure que le PSG chercherait une solution pour le faire revenir au bercail.

Tous ceux qui ont un jour croisé Nkunku sont unanimes. Il sent le foot et ne rechigne pas à la tâche. Il est vrai que le petit format de Lagny-sur-Marne ne joue pas dans la cour des poids lourds des attaquants européens. Dès ses débuts chez les jeunes, il est plus petit que ses amis et surtout plus frêle. Il se voit donc obligé, par nature, de devenir un joueur différent limitant au strict minimum ses touches de balle, condamné à éviter le duel mais capable de lire le jeu plus rapidement que les autres joueurs de champ présents sur le gazon. Il développe alors naturellement ses propres qualités : gros volume de jeu, qualités techniques et belle frappe de balle.

Arrivé au PSG en 2010, époque où il se construit la semaine à l'INF Clairefontaine avant de logiquement intégrer le centre de formation du club parisien, Nkunku a pourtant dû longtemps être protégé par ses formateurs de peur de le voir se « faire casser en deux ». Jeune, Francilien et talentueux, Nkunuku a de beaux jours devant lui à Paris mais la concurrence parisienne écrase tout sur son passage. Après avoir musclé son jeu et vu plusieurs de ses proches rejoindre les Bleus, après avoir explosé en Allemagne et sur la scène européenne, Nkunku est désigné meilleur joueur de la Bundesliga au printemps 2022. Une reconnaissance méritée devant les stars du Bayern et un argument de plus pour devenir à son tour incontournable au sein de la bande à Deschamps sous le maillot bleu de France.

LE SAVIEZ-VOUS ?

Au contraire de la jeune génération, fan de Lionel Messi et Cristiano Ronaldo, Christopher Nkunku est plutôt admiratif d'un autre style. Longtemps, le Brésilien Willian sera son joueur préféré. Le profil de l'ancien international se rapproche du sien : un gabarit modeste, vif, technique et passeur hors pair. Durant l'été 2015, invité par Laurent Blanc à participer à la préparation du club parisien aux États-Unis, le gamin avait touché son rêve du doigt : rencontrer son idole.

SON C.V.

NÉ le 14 novembre 1997 à Lagny-sur-Marne
TAILLE : 1,75 m / **POSTE :** attaquant

PARCOURS PROFESSIONNEL : Paris SG, RB Leipzig

PALMARÈS : Coupe d'Allemagne (2022) ; Championnat de France (2016, 2018, 2019) ; Trophée des champions (2017, 2018)

PEDRI

ESPAGNE

C'est la dernière petite merveille du football espagnol ! Pedro Gonzalez Lopez, dit Pedri, ne paie pourtant pas de mine. Introverti au premier abord, il devient redoutable dès qu'il entre sur une pelouse puis taquine le ballon. Après avoir grandi aux Canaries, son archipel natal, le magicien de poche a réussi ses premiers dribbles dans le club de son village, l'UD Tegueste. À seulement 15 ans, il intègre l'équipe phare de Las Palmas. Son ascension est fulgurante puisqu'il ne faut que quelques semaines au feu follet pour y devenir professionnel. À 16 ans, 9 mois et 25 jours, Pedri devient le plus jeune buteur avec la formation ilienne. Sa montée en puissance aurait pu être contrariée lorsqu'en février 2018, l'adolescent canarien effectue un essai au Real Madrid qui ne s'est finalement pas avéré concluant.

Gonflé à bloc, de retour à Las Palmas, Pedri donne tout en Segunda Division, tout en impulsant le style offensif de son équipe. Que ce soit dans le jeu long, dans les petits espaces ou les passes en diagonales, le *niño* sait tout faire. D'une grande précision et doté d'une vision du jeu incomparable, le lutin espagnol épate ses entraîneurs, Pepe Mel en tête : « Pedri a la qualité de rendre plus facile les choses autour de lui et de voir le jeu avant les autres. » Par ses crochets dévastateurs, ses petits appuis et son style épuré, le « Harry Potter » ibère ne fait jamais de geste superflu.

En recrutant Pedri prématurément, le Barça n'a pas caché que le joyau de Tegueste rappelait forcément, par son aisance technique, un certain Iniesta à son arrivée dans l'effectif blaugrana. En octobre 2020, Pedri dispute son premier *clasico* et, si le Real l'emporte (3-1), l'enjôleur de l'entrejeu, titularisé pour l'occasion, livre quelques échantillons de son talent. En sélection, sa progression est tout aussi fulgurante : il fête sa première cape en mars 2021 contre la Grèce (1-1) et, trois mois plus tard, devient l'une des révélations de l'Euro qui conduit la Roja jusqu'en demi-finale. Après une première saison harassante – Pedri a même joué les JO de Tokyo ! – et malgré une blessure à la cuisse qui l'écarte des terrains, le petit génie signe, en octobre 2021, une prolongation de contrat avec le Barça jusqu'en 2026. La clause de départ est ensuite fixée par le club catalan à... un milliard d'euros !

LE SAVIEZ-VOUS ?

En octobre 2020, lors d'un match de C1 contre les Hongrois du Ferencvaros (5-1) au Camp Nou, Pedri marque son tout premier but sous le maillot du FC Barcelone. Auparavant, Ansu Fati avait également trouvé le chemin des filets. Pour la première fois dans l'histoire du club catalan, deux joueurs de moins de 18 ans ont scoré à l'occasion d'un match européen.

SON C.V.

NÉ le 25 novembre 2002 à Tegueste
TAILLE : 1,74 m / **POSTE :** milieu

PARCOURS PROFESSIONNEL : UD Las Palmas, FC Barcelone

PALMARÈS : Coupe d'Espagne (2021)

Jordan PICKFORD

ANGLETERRE

Parfait pour enfiler le costume de héros. En repoussant la tentative du Colombien Carlos Bacca, lors du huitième de finale du Mondial 2018 disputé par l'Angleterre à Moscou, Jordan Lee Pickford met fin à la malédiction. Celle qui frappe la sélection aux Trois Lions au moment d'une séance de tirs au but. Systématiquement, les Anglais quittaient la compétition par la petite porte au terme de ce singulier exercice. Cette fois, les joueurs de Gareth Southgate s'en sortent et rejoindront les demi-finales. Du jamais vu depuis 1990 ! Et c'est le portier d'Everton, avec tout juste trois sélections, qui efface la légende noire des gardiens anglais, princes de la boulette. À l'instar de l'inoubliable David « Calamity » James. Cette fois, Jordan Pickford s'inscrit dans la lignée de Gordon Banks, Ray Clemence ou Peter Shilton.

Pas mal pour un garçon de 24 ans, pourvu d'une grande maturité et qui ne fuit jamais les responsabilités. « Rien ne me fait peur, annonce-t-il d'emblée. Les critiques ne m'affectent pas, elles ne peuvent que me rendre meilleur. » Certains observateurs parlent d'arrogance, d'autres défendent ce gardien très mobile, doté d'un pied gauche exceptionnel. Son homologue à Everton, le Néerlandais Maarten Stekelenburg, pourtant poussé sur le banc par le petit génie, le reconnaît volontiers : « Jordan sait ce qu'il vaut, il a une grande confiance en lui. Il bosse énormément et, surtout, ne panique jamais. Rien ne peut l'atteindre. » Peut-être la suite logique d'un début de parcours chaotique avec, en cinq saisons, des prêts qui s'enfilent comme des perles dans les divisions inférieures du football britannique.

De la Conference Premier à la Championship, le kid de Sunderland a dû serrer les dents pour assouvir sa passion. Quand « Speedy » arpente ses premiers terrains, on le place dans le but car il est le plus grand de la bande. Son frère Richard le pousse à demeurer dans la cage. Ironie du sort : sa taille fera jaser seize ans plus tard, lors de la Coupe du monde. Au premier tour, l'Angleterre craque devant les cracks belges (0-1) et, sur le but du Diable Rouge Adnan Januzaj, Jordan Pickford semble trop court. Qu'importe : dans la légende, Pickford est désormais un géant.

LE SAVIEZ-VOUS ?

Le derby de la Mersey entre Liverpool et Everton le rend nerveux. Deux épisodes ont déjà marqué la carrière de Jordan Pickford contre les Reds. En décembre 2018, à Anfield, Jordan se troue sur un ballon anodin et, à la 96e minute, se fait crucifier à bout portant par Divock Origi. La défaite est cruelle pour les Toffees (0-1). Pratiquement deux ans plus tard, cette fois à Goodison Park, sa sortie kamikaze met au tapis Virgil van Dijk, blessé au genou droit. Pickford échappe au carton rouge car le défenseur batave était hors-jeu.

SON C.V.

NÉ le 7 mars 1994 à Washington
TAILLE : 1,85 m / **POSTE :** gardien de but

PARCOURS PROFESSIONNEL : Sunderland AFC, Darlington FC, Alfreton Town, Burton Albion, Carlisle United, Bradford City, Preston North End, Sunderland AFC, Everton FC

PALMARÈS : -

Paul POGBA

FRANCE

Tout l'inverse de E.T. ! Au cours de l'épopée russe des Bleus, Paul Pogba « ne veut pas rentrer à la maison ». Avant la Coupe du monde, « la Pioche » l'a annoncé. Avec certains cadres, il veut prendre les rênes de la sélection. Et surtout ramener le trophée. C'est chose faite, de Kazan à Moscou. Avant chaque rencontre, le Seine-et-Marnais prend la parole dans le vestiaire et personne ne moufte. Objectif : la finale. « Paul a toujours eu le talent, résume Blaise Matuidi. Il est devenu un vrai leader. C'est un exemple. Il est hyper écouté. » Tout se concrétise le 15 juillet 2018, avec le triomphe contre la Croatie et, à la clé, un troisième but qui brode la seconde étoile sur le maillot tricolore.

La performance d'ensemble de Pogba est d'autant plus remarquable que la saison a été délicate, pour ne pas dire pénible avec les Red Devils. Le torchon brûle avec José Mourinho, et les deux hommes se sont lancés dans un bras de fer stérile. Sur le terrain, le technicien portugais reproche notamment au Français son indiscipline tactique. En dehors du jeu, les reproches sont multiples : pour le Lusitanien, Pogba se disperse trop entre aspect marketing, communication loufoque et style de vie à paillettes. Comble du camouflet : le « Mou » remplace régulièrement le Francilien par l'inconnu Scott McTominay dans l'entrejeu mancunien. « Lui n'a pas les cheveux colorés, pas de grosses bagnoles ou de gros bijoux », se fend José Mourinho pour justifier son choix.

Le limogeage du Portugais en décembre 2018 est vécu comme un soulagement. Si le Français accepte qu'on titille son orgueil, il a aussi besoin d'amour. Sans concession, le « Mou » n'est jamais entré dans ce jeu-là. Depuis ses débuts au Havre, comme il l'indique lui-même, Paul Pogba n'a jamais « apprécié d'être le numéro 2 ». Certains y voient de l'arrogance, lui juge qu'il ne s'agit que d'ambition. Tout ne fut pas simple non plus avec Didier Deschamps, qui lui a parfois reproché de surjouer son rôle de milieu de terrain. Mais le sélectionneur trouve toujours les mots. Idéal pour relancer un pion essentiel à qui l'on demande systématiquement plus.

LE SAVIEZ-VOUS ?

L'anecdote remonte à l'été 2012, lorsque Paul Pogba débarque à son premier entraînement à la Juventus. Quelques heures plus tôt, le jeune Français est laissé libre par Manchester United. Andrea Pirlo s'amuse encore de ce transfert cadeau : « Nous ne pouvions pas croire que ce joueur, avec autant d'habileté balle au pied, puisse quitter un club du standing de MU gratuitement. Paul était encore jeune, mais nous pouvions déjà voir qu'il était spécial. »

SON C.V.

NÉ le 15 mars 1993 à Lagny-sur-Marne (France)

TAILLE : 1,91 m / **POSTE :** milieu de terrain

PARCOURS PROFESSIONNEL : Manchester United, Juventus, Manchester United, Juventus

PALMARÈS : Coupe du monde (2018) ; Ligue Europa et Coupe de la League (2017) ; Coupe d'Italie (2015, 2016) ; championnat d'Italie (2013, 2014, 2015, 2016)

JUVENTUS

Sergio RAMOS

ESPAGNE

Imperméable à la pression, Sergio Ramos est une aubaine pour un entraîneur, mais un cauchemar pour les attaquants adverses. Dans son rôle de boute-en-train du vestiaire, le défenseur andalou est un capitaine modèle dont la voix porte et qui impressionne n'importe quel joueur à la sortie du tunnel. Son entraîneur au Real Madrid, Zinédine Zidane, dit de lui que le garçon est « noble », au sens de la fidélité et de la conception du jeu, et que sa confiance en lui est « sans limite et sans faille ».

Coéquipier de « Zizou » lors de sa dernière saison sur un terrain (2005-2006), le « Terminator » madrilène est le parfait relais de l'autorité du Marseillais sur la pelouse. Forcément, les détracteurs de Sergio Ramos s'en donnent à cœur joie, car le garçon ne laisse jamais indifférent et sa conception du devoir est poussée à l'extrême. S'il faut intimider les concurrents, lui ne manque jamais d'idées. Sa vingtaine d'expulsions au cours de sa carrière, débutée dès sa majorité sous le maillot du Séville FC, marquent les esprits. « Parfois, on me descend. Parfois, on m'encense. Et, là, tout le monde va dire que je suis le sauveur car j'ai marqué, commentait l'Espagnol en mars 2017 après un succès du Real à Naples (3-1). Rien de tout ça ! Je ne fais que mon boulot. »

Malgré cette (fausse ?) modestie, « Churu » (ainsi surnommé par Javier Saviola) est entré dans la légende chez les Merengue en devenant le « héros de la Decima ». Lors de la finale de la Ligue des champions en 2014 à Lisbonne, Sergio Ramos égalise dans le temps additionnel contre l'Atlético d'une tête rageuse, avant que le Real déroule en prolongation (4-1). Et c'est ainsi que la « Maison blanche », à laquelle il est tant attaché, a remporté la dixième C1 de sa glorieuse histoire. Moins clinquant, quatre ans plus tard, fut son comportement face à Mohamed Salah, dont il démonta l'épaule en s'opposant au buteur égyptien de Liverpool. Son amour de la tauromachie n'est jamais aussi bien ressorti que ce jour-là à Kiev. Celui qui le résume le mieux demeure l'un de ses premiers formateurs, Joaquin Caparros, à Séville : « Sergio avait faim, il aimait la compétition. C'est ce tempérament qui lui a permis de réussir. » Tout est dit.

LE SAVIEZ-VOUS ?

Grand amateur de flamenco, Sergio Ramos adore chanter et fond quand la musique traditionnelle de son pays résonne. Avant le Mondial 2018, l'Andalou prend même l'initiative d'interpréter l'hymne officiel de la sélection espagnole avec son ami, le bien nommé Demarco Flamenco. Le Madrilène est le seul joueur de la Roja à pousser la chansonnette, des trémolos dans la voix, pour interpréter « Otra estrella en tu corazón » (« Une autre étoile dans ton cœur »).

SON C.V.

NÉ le 30 mars 1986 à Camas (Espagne)
TAILLE : 1,83 m / **POSTE :** défenseur

PARCOURS PROFESSIONNEL : Séville FC, Real Madrid, Paris SG

PALMARÈS : championnat de France (2022) ; Supercoupe d'Espagne (2008, 2012, 2017, 2020) ; championnat d'Espagne (2007, 2008, 2012, 2017, 2020) ; Ligue des champions et Coupe du monde des clubs (2014, 2016, 2017, 2018) ; Coupe d'Espagne (2011, 2014) ; Euro (2008, 2012) ; Coupe du monde (2010)

Marcus RASHFORD

ANGLETERRE

Mancunien pur sucre, le jeune Marcus aurait pu grandir chez les Skyblues, mais les responsables de la formation de City ne l'ont pas gardé, le trouvant trop gringalet. Emmené au foot dès l'âge de 6 ans par son frère aîné Dwain, le cadet découvre le plaisir d'enfiler ses crampons aux Fletcher Moss Rangers. Trois ans plus tard, Manchester United lui ouvre grand ses portes et le kid de Wythenshawe, quartier populaire du Grand Manchester, s'y épanouit jusqu'à son adolescence.

Malgré de nombreuses convoitises dans le Royaume, Marcus Rashford reste fidèle aux Red Devils et, dans les catégories jeunes, réalise déjà des prouesses. Grâce notamment à un sens aiguisé du but. Hors de l'aire de jeu, le regard du garçon pointe vers ses chaussettes. Ses traits juvéniles et son ton monocorde, quand il répond aux questions, ne lui donnent, de prime abord, aucune assurance. « Rash » balbutie mais, libéré de sa timidité sur le pré, il lâche les chevaux.

Début 2016, profitant d'une avalanche de blessures devant, le *teenager* anglais est appelé dans le groupe par Louis van Gaal, alors coach de ManU. Pour un seizième de Ligue Europa contre les Danois du FC Midtjylland, le longiligne attaquant entre en scène dans le « Théâtre des rêves ». Marcus inscrit un doublé (victoire 5-1) pour son premier match pro ! À 18 ans et 117 jours, il devient alors le plus jeune buteur de Manchester United en Coupe d'Europe. Parfait pour entrer dans le cœur des supporters. Avant l'Euro en France, il est appelé en équipe d'Angleterre, histoire d'épauler Harry Kane. Après seulement trois minutes de jeu lors d'un match de préparation contre l'Australie, il claque son premier but sous la tunique des Three Lions.

Comme dans ses prises de balle, l'apprenti champion est visiblement un garçon pressé. Malgré sa taille, il impressionne par son équilibre et son côté costaud. Chacun apprécie sa fluidité dans le geste et son étonnante finesse dans la passe ou lors de ses frappes. Excellent au tir sans élan, il en fait l'une de ses spécialités. Malgré la gloire fulgurante, Marcus Rashford est resté le plus simple du monde.

LE SAVIEZ-VOUS ?

Lors de l'une de ses toutes premières apparitions à Old Trafford, Marcus Rashford signe son premier but en Premier League contre Arsenal, en février 2016 (3-2, avec un doublé à son actif). Après l'exploit, les journalistes se ruent. À un reporter qui lui demande de quelle manière il compte fêter l'exploit, le jeune attaquant des Red Devils, du haut de ses 18 ans, lui répond, plein d'aplomb : « Je ne vais rien célébrer, j'ai un contrôle de chimie demain ! »

SON C.V.

NÉ le 31 octobre 1997 à Manchester (Angleterre)
TAILLE : 1,85 m / **POSTE :** attaquant

PARCOURS PROFESSIONNEL : Manchester United

PALMARÈS : Ligue Europa et Coupe de la League (2017) ; Coupe d'Angleterre (2016)

Cristiano RONALDO

PORTUGAL

C'est la sensation de l'été. En ce début juillet 2018, les conversations des amoureux du football tournent invariablement autour du transfert. Après neuf saisons passées au Real Madrid et une troisième Ligue des champions d'affilée remportée sous le maillot des Merengue, Cristiano Ronaldo annonce son départ pour la Juventus. La star portugaise reconnaît avoir été marquée par la standing ovation du public piémontais après son incroyable but sur un ciseau retourné, lors du quart de finale de C1 disputé au printemps contre les Bianconeri.

Pour 100 millions d'euros, « CR7 » met le cap sur Turin. Partout où il est passé, le champion a toujours électrisé les foules. Travailleur invétéré au physique d'esthète, Cristiano respire le football. Techniquement, il est incontestablement le meilleur. Avec Lionel Messi, il forme un duo d'extraterrestres. Comme l'Argentin, le Lusitanien bat record sur record sur les pelouses du football mondial. Le dernier en date ? Le Madérien est devenu le premier joueur à remporter, fait inédit, les titres dans trois des plus grands championnats : en Premier League anglaise, en Liga espagnole, puis en Serie A italienne. Et il continue à claquer but sur but. D'Alex Ferguson à Manchester United à Zinédine Zidane au Real Madrid, ses entraîneurs l'ont toujours installé dans les meilleures conditions pour qu'il exprime au mieux son immense talent.

Pour couronner le tout, alors que le Portugal n'a, jusqu'alors, glané que quelques accessits sur le plan international, l'enfant de Funchal conduit la Seleção vers le titre suprême lors de l'Euro 2016. Blessé au début de la finale contre l'équipe de France, Cristiano Ronaldo quitte ses partenaires mais, claudiquant sur le bord du terrain, habité par une telle envie de gagner, il transmet son envie de vaincre à tout un groupe.

En 2003, alors qu'il n'a que 18 ans, son club formateur, le Sporting CP, dispute un simple match amical contre MU. Les joueurs mancuniens sont tellement scotchés par les qualités du jeune homme qu'ils finissent par convaincre sir Alex Ferguson de recruter ce futur génie. C'est le début d'une carrière hors norme.

LE SAVIEZ-VOUS ?

Arrivé à l'âge de 12 ans à Lisbonne, le petit Cristiano est viré de son école après avoir lancé une chaise sur son institutrice, qui se moquait de la situation modeste de sa famille, mais aussi de son accent. Né sur l'île de Madère, malgré les larmes de colère, le garçon fait déjà preuve de beaucoup de caractère. Les formateurs du Sporting apprécieront rapidement la volonté du gamin de s'en sortir.

SON C.V.

NÉ le 5 février 1985 à Funchal (Portugal)
TAILLE : 1,87 m / **POSTE :** attaquant

PARCOURS PROFESSIONNEL : Sporting CP, Manchester United, Real Madrid, Juventus, Manchester United

PALMARÈS : Coupe d'Italie (2021) ; championnat d'Italie (2019, 2020) ; Ligue des nations (2019) ; Ligue des champions (2008, 2014, 2016, 2017, 2018) et Coupe du monde des clubs (2008, 2014, 2016, 2017) ; championnat d'Espagne (2012, 2017) ; Euro (2016) ; Coupe d'Espagne (2011, 2014) ; championnat d'Angleterre (2007, 2008, 2009) ; Coupe d'Angleterre (2004)

Mohamed SALAH

ÉGYPTE

Personne n'a oublié cette épaule en vrac. En Égypte, il y a eu le nez de Cléopâtre à l'époque des pharaons. Plus de vingt siècles plus tard, il y a la clavicule de Mohamed Salah. Blessé dans un accrochage viril avec Sergio Ramos lors de la finale de la Ligue des champions entre le Real et Liverpool en mai 2018, l'attaquant égyptien a failli louper la Coupe du monde en Russie. D'autant plus cruel que c'est lui qui porte à bout de bras sa sélection. Dieu vivant dans son pays, après une course contre la montre, Mohamed Salah revient bien dans le groupe, même convalescent, pour inscrire deux buts, mais l'élimination est consommée.

C'est évidemment en Europe que « Mo' » est également devenu une étoile scintillante. Ce dévoreur d'espaces, alliant vitesse et percussion, a tout du joueur spectaculaire. Que de chemin parcouru en tout cas pour l'enfant de Basyoun obligé de changer cinq fois de bus pour rejoindre Le Caire lorsqu'il se rendait, adolescent, à l'entraînement des Arab Contractors. Une épreuve qui a forgé son caractère. Rejeté en 2011 par le Zamalek, sorte d'OM local, c'est en Suisse, au FC Bâle plus précisément, que Mohamed Salah se révèle. Ce n'est pas la fin des galères pour autant puisque, transféré à Chelsea, il n'est titularisé qu'à six reprises à la pointe de l'attaque des Blues en deux ans et demi ! Ça se goupille mieux en Serie A italienne, où l'Égyptien élargit son éventail footballistique. À la Fiorentina puis à la Roma, « Mo' » développe son sens tactique et, surtout, devient plus performant dans la finition, domaine dans lequel il a longtemps péché.

Capable de marquer sur une fulgurante contre-attaque menée seul depuis sa moitié de terrain, le « Pharaon » rebondit de manière radieuse du côté de Liverpool. Jusqu'à ce fameux penalty en finale de C1 contre Tottenham dès la deuxième minute. Son entraîneur Jürgen Klopp tombe immédiatement sous le charme : « Même s'il ne marque pas, il est très utile parce qu'il étire les défenses adverses. Ça ouvre des espaces pour mes autres attaquants. » Quand Salah se met en action, c'est généralement tout Anfield qui reprend en chœur le *Sit Down* de James en son honneur. Et, avec un tel talent, il y a rarement de fausses notes.

LE SAVIEZ-VOUS ?

En 2018, lors des élections en Égypte, Mohamed Salah aurait pu être le challenger de l'actuel chef de l'État, le général Al-Sissi. En effet, pour contester l'absence d'une véritable opposition, les électeurs égyptiens ont choisi pour certains de glisser dans l'urne le nom de la star du ballon rond. L'attaquant des Reds a ainsi fini deuxième du scrutin... sans se présenter ! Salah a pu apprécier son immense popularité au pied des pyramides.

SON C.V.

NÉ le 15 juin 1992 à Basyoun (Égypte)
TAILLE : 1,75 m / **POSTE :** attaquant

PARCOURS PROFESSIONNEL : Arab Contractors, FC Bâle, Chelsea FC, AC Fiorentina, AS Roma, Liverpool FC

PALMARÈS : Coupe d'Angleterre (2022) ; Coupe de la League (2022) ; championnat d'Angleterre (2020) ; Ligue des champions (2019) ; Supercoupe de l'UEFA (2019) ; Coupe du monde des clubs (2019) ; championnat de Suisse (2013, 2014)

Jadon SANCHO

ANGLETERRE

Comme un don du ciel, le jeune ailier anglais enchaîne les feintes de corps. Sur son côté droit, quand il ne dézone pas, Jadon Sancho époustoufle les observateurs par sa vivacité. Mais pas seulement. Le *kid* de Kennington possède des appuis courts et désarmants. Un supplice pour les défenseurs de l'autre camp. Pas étonnant qu'on le surnomme « The Rocket » (la Fusée), tant il excelle dans l'art du contrepied et du geste dévastateur. On passera sur ses lacunes dans le repli défensif et un jeu de tête quasi inexistant. Pas trop son truc. Mais le prodige, qui s'est forgé un style unique dans son enfance en désarçonnant ses amis dans d'interminables parties de foot jouées dans la rue, en banlieue populaire du Sud londonien, évolue à l'instinct. Du *street art* à son niveau ! Son seul défaut était alors de bouder dès qu'il perdait.

Chouchouté par des parents originaires de Trinité-et-Tobago, Jadon Sancho a fait ses classes à Watford avant de voir plus grand à Manchester City. Pep Guardiola le protège, jusqu'à ce malentendu qui l'amène à l'exil. Une mauvaise histoire de valorisation de contrat d'apprenti. Pressé, l'aspirant professionnel ne supporte pas de devoir attendre dans l'antichambre de l'équipe première. Laissé sur le carreau lors de la tournée estivale des Citizens aux States en 2017, le surdoué londonien claque la porte. Il remplace au pied levé Ousmane Dembélé, parti au Barça, du côté du Borussia Dortmund.

Conscients de la valeur du phénomène, d'autres cadors se sont mis sur les rangs. Arsenal, Tottenham, le Bayern et Leipzig lorgnent sur un tel diamant. Mais c'est le Mur jaune qui profitera de ses grigris. Des gestes en rien gratuits. Inspiré par son idole Ronaldinho, Jadon Sancho possède la capacité de tenter des arabesques surnaturelles, tout en se montrant efficace. Preuve à l'appui : lors de la saison 2018-2019, à seulement 18 ans, il devient meilleur passeur de la Bundesliga. Lancé dans le grand bain par Lucien Favre, un dénicheur de talents, et bien aidé par le profil offensif de Dortmund, Jadon Sancho, dans la lignée de Kylian Mbappé ou d'Erling Braut Haaland, éblouit déjà les foules.

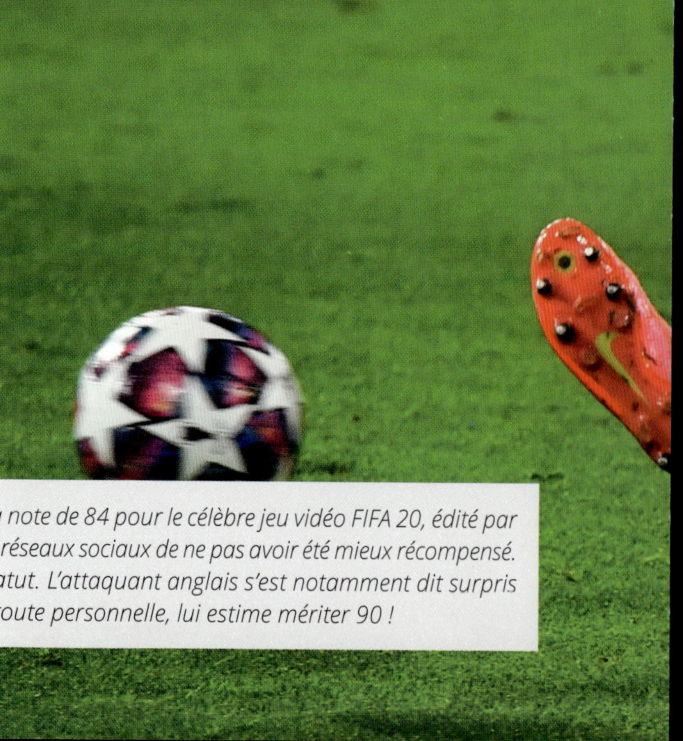

LE SAVIEZ-VOUS ?

Après sa grosse saison, ses performances lui ont valu la note de 84 pour le célèbre jeu vidéo FIFA 20, édité par EA Sports. Surpris de ce total, le joueur s'est plaint sur les réseaux sociaux de ne pas avoir été mieux récompensé. Même manette en main, Jadon Sancho tient à son statut. L'attaquant anglais s'est notamment dit surpris de n'avoir que 77 en passes. D'après une estimation toute personnelle, lui estime mériter 90 !

SON C.V.

NÉ le 25 mars 2000 à Londres (Angleterre)
TAILLE : 1,80 m / **POSTE :** attaquant

PARCOURS PROFESSIONNEL : Watford FC, Manchester City, Borussia Dortmund, Manchester United

PALMARÈS : Coupe d'Allemagne (2021) ; Supercoupe d'Allemagne (2019)

Leroy SANÉ

ALLEMAGNE

Quelle mouche a piqué le sélectionneur de la Nationalmannschaft, Joachim Löw, de se priver de Leroy Sané, lorsqu'il coucha le nom des 23 joueurs retenus pour la Coupe du monde en Russie ? Dans sa liste n'apparaît pas celui qui vient d'être sacré champion d'Angleterre avec Manchester City et auteur d'une saison riche en exploits en Premier League. À la surprise générale, « Jogi » lui préfère Julian Brandt. Certes, l'échec de l'Allemagne dès le premier tour ne se résume pas à la seule absence du remuant gamin de la Ruhr, mais tout de même.

Déjà, lors de l'Euro 2016 en France, les supporters allemands s'étaient plaints du manque de temps de jeu accordé à ce grand fan de Ronaldinho. Ainsi, lors de la demi-finale perdue contre les Bleus à Marseille (0-2), le futur Citizen n'était entré en jeu que dans le dernier quart d'heure. Pourtant, quelques semaines auparavant, alors sous le maillot de Schalke 04, il avait accompli une prestation hallucinante contre le Real Madrid en Ligue des champions. Insaisissable, le jeune métis avait rendu fous les défenseurs espagnols. Lors du match retour des huitièmes de finale, le club de Gelsenkirchen avait réussi un incroyable résultat, en s'imposant (4-3) au stade Santiago-Bernabéu. Dommage pour Schalke et Leroy Sané, les Merengue l'avaient emporté (2-0) à l'aller outre-Rhin.

Déjà rompu aux joutes européennes à l'âge de 20 ans, Leroy Sané poursuit son apprentissage en C1 avec les Citizens. Son côté virevoltant plaît à Pep Guardiola, même si celui-ci lui reproche parfois son manque de régularité dans l'effort et une certaine propension à s'éparpiller en dehors des terrains. Coup d'arrêt en 2017, avec l'élimination contre l'AS Monaco. À l'aller à l'Etihad Stadium, la flèche allemande inscrit le dernier but contre les hommes de Leonardo Jardim (5-3) et prive ainsi un parieur d'une somme rondelette. Pour 2 euros, ce dernier avait misé sur une victoire des Skyblues 4-3. La coquette somme de 34 200 euros lui était promise, avant le but de l'Allemand. « J'ai lu ça dans les journaux... Désolé pour ce pauvre gars », a tweeté le briseur de rêve après la rencontre.

LE SAVIEZ-VOUS ?

Assez rare pour être signalé : déjà doté d'un double visa sénégalais et allemand, Leroy Sané possède aussi un passeport hexagonal, grâce à son père Souleymane, ancien attaquant en Bundesliga, qui détient aussi la nationalité française. Le fiston se prénomme ainsi en l'honneur de Claude Le Roy, spécialiste du football africain, qui dirigea le paternel à Dakar. « Je suis né et j'ai grandi en Allemagne, précise Leroy Sané. J'ai encore de la famille en France, mais je me sens allemand. »

SON C.V.

NÉ le 11 janvier 1996 à Essen (Allemagne)
TAILLE : 1,86 m / **POSTE :** milieu de terrain

PARCOURS PROFESSIONNEL : Schalke 04, Manchester City, Bayern Munich

PALMARÈS : championnat d'Allemagne (2021, 2022) ; Ligue des champions et Coupe du monde des clubs (2020) ; championnat d'Angleterre et Coupe de la League (2018, 2019, 2020) ; Coupe d'Angleterre (2019) ; Community Shield (2018, 2019)

Heung-min SON

CORÉE DU SUD

Le prétexte est tout trouvé. Pour échapper aux obligations militaires en application dans son pays, Son Heung-min trouve le bon filon. En Corée du Sud, certains champions sont exemptés d'enfiler un treillis et de porter un fusil s'ils décrochent des médailles. Durant l'été 2018, l'attaquant asiatique relève un défi : celui de participer avec sa sélection U21 aux jeux Asiatiques. Sur le sol indonésien, le champion conduit les jeunes Sud-Coréens jusqu'en finale, durant laquelle ils dominent le Japon (2-1 après prolongation). Pari réussi : Son rentre au pays avec une breloque autour du cou qui lui évite parcours du combattant, pompes à outrance et tours de garde.

Depuis son plus jeune âge, le garçon a toujours su s'adapter. Il découvre le football dans des circonstances guère réjouissantes. Puni par son père, le jeune guerrier Taeguk doit apprendre à dompter un ballon en cuir. Enivré par de longues minutes de jongle, le gamin de 10 ans a acquis une habileté pour dominer l'enfer de la sphère. Il n'est qu'un adolescent jamais sorti de son cocon lorsqu'il intègre le centre de formation de Hambourg. À des lustres de sa culture. Son Heung-min découvre une autre planète, mais n'est jamais rejeté par ses partenaires plus huppés. « Je ne connaissais personne, admet le Sud-Coréen bon teint. Je remercie de grands joueurs de m'avoir dit un mot quand j'en avais besoin. Par exemple, Rafael van der Vaart et Ruud van Nistelrooy l'ont fait à Hambourg ! »

En Bundesliga, Son devient vite un phénomène. Ses enchaînements express et sa détermination à pousser ses actions jusqu'au bout séduisent médias et spectateurs. Du côté de la péninsule coréenne, ses débuts en Ligue des champions déchaînent les foules. « Au coup d'envoi, il est cinq heures du matin à Séoul et ils sont tous debout, raconte un Son ému. Je leur dois quelque chose, c'est ma responsabilité. » D'où ses heures assidues à l'entraînement, avec l'entêtement à ne jamais rien lâcher. Après des débuts timides à Tottenham, Son Heung-min est devenu mieux qu'une doublure de Harry Kane ou de Lucas Moura. Londres est aussi à ses pieds.

LE SAVIEZ-VOUS ?

À la Bourse des joueurs les plus bankable *de la planète, le Sud-Coréen Son Heung-min est devenu l'une des valeurs sûres sur l'échiquier du football mondial. Son transfert en 2015 à Tottenham (30 millions d'euros) a notamment été l'un des plus chers pour un joueur d'origine asiatique. À 27 ans, celui que certains journalistes surnomment « Sonaldo », pour son sens du but et son explosivité, est une véritable star à Séoul.*

SON C.V.

NÉ le 8 juillet 1992 à Chuncheon (Corée du Sud)
TAILLE : 1,83 m / **POSTE :** attaquant

PARCOURS PROFESSIONNEL : Hambourg SV, Bayer Leverkusen, Tottenham Hotspur

PALMARÈS : jeux Asiatiques (2018)

TOTTENHAM HOTSPUR

Marc-André TER STEGEN

ALLEMAGNE

Devenu le septième joueur allemand à enrichir le puissant effectif du FC Barcelone à l'été 2014, Marc-André ter Stegen est entré au sein du monument catalan sur la pointe des pieds. D'autant plus qu'il partait totalement dans le brouillard. Le jeune portier rhénan vient de passer dix-huit années au Borussia Mönchengladbach, le club de sa ville natale qui l'a pratiquement adopté dès la sortie du berceau. En avril 2011, à tout juste 19 ans, l'intrépide gardien sans complexe se voit offrir une chance de débuter en Bundesliga, grâce au flair de Lucien Favre, alors en charge des Poulains, surnom donné aux joueurs de Gladbach. Il émerveille le public local par quelques prouesses sur sa ligne et permet à son équipe de gagner en confiance.

Alors, lorsqu'il reçoit une *standing ovation* pour son ultime match avec le Borussia, « Marco » craque et ne peut s'empêcher de retenir ses larmes. Il débarque en Catalogne avec un sacré défi : remplacer Victor Valdés qui vient de disputer 535 matchs sous le maillot blaugrana. Curieuse première saison du côté du Camp Nou : s'il ne joue aucun match en Liga (c'est le Chilien Claudio Bravo qui est titularisé en championnat), Marc-André ter Stegen est titularisé en Coupe d'Espagne, mais surtout en Ligue des champions. Avec un bilan de treize rencontres à son actif dans cette C1, le jeune gardien allemand soulève même le trophée après la victoire du Barça contre la Juventus (3-1).

Malgré ce clinquant parcours et des débuts plus qu'honnêtes, le Rhénan ne fait pas l'unanimité. Une situation qui ne l'affole pas. Le temps sera son meilleur allié. Les départs manqués, il connaît ! Pour ses débuts avec la sélection nationale, lors de la saison 2012-2013, Marc-André ter Stegen a perdu lors de ses trois premières capes (contre la Suisse 3-5, l'Argentine 1-3 puis les États-Unis 3-4). Un fait rarissime pour un international allemand ! Il finit par convaincre même les plus sceptiques et, par son calme, devient une pièce essentielle dans le dispositif catalan. Il a enfin tout d'un grand.

LE SAVIEZ-VOUS ?

Interrogé par le quotidien espagnol El País, *Marc-André ter Stegen n'a pas caché que son milieu ne l'intéressait guère : « Les gens se moquent quand je leur dis que je n'ai aucune réflexion concernant le football... Parfois, on me demande le nom d'un joueur lors d'une retransmission à la télé et je n'en ai aucune idée. Je me souviens mieux de ses déplacements, de sa manière de se démarquer, que de son nom. » Chacun son truc !*

SON C.V.

NÉ le 30 avril 1992 à Mönchengladbach (Allemagne)
TAILLE : 1,87 m / **POSTE :** gardien de but

PARCOURS PROFESSIONNEL : Borussia Mönchengladbach, FC Barcelone

PALMARÈS : Supercoupe d'Espagne (2017, 2019) ; championnat d'Espagne (2015, 2016, 2018, 2019) ; Coupe d'Espagne (2015, 2016, 2017, 2018, 2021) ; Coupe des confédérations (2017) ; Ligue des champions et Coupe du monde des clubs (2015) ; Supercoupe UEFA (2015)

Raheem STERLING

ANGLETERRE

En Angleterre, Raheem Sterling ne laisse pas grand monde indifférent. Surtout pas les tabloïds, dont il est l'une des têtes de Turc préférées. Il faut dire que l'attaquant de Manchester City a tout du *bad boy* : tatouages, grosses cylindrées, altercation avec son coéquipier Joe Gomez lors d'un rassemblement en sélection... Rien n'est épargné à celui que le Royaume appelle « The Hated One », « le Détesté ». « Je ne peux rien faire contre ça. Je ressemble à un sale gosse », regrette-t-il. Un caractère d'écorché vif qui prend sa source dans l'enfance tumultueuse du Citizen.

C'est sur le bitume défoncé de Maverley, ce district déshérité de Kingston, la capitale de la Jamaïque, que Raheem Shaquille Sterling tape dans ses premiers ballons. Quelques années plus tôt, dans ce quartier gangrené par la violence, son père a été froidement abattu d'une balle dans la tête. Raheem était alors âgé de 2 ans. Cinq ans plus tard, il monte dans un avion, avec sa mère et sa sœur, direction Londres. Dans la capitale anglaise, tout n'est pas rose non plus. Tandis que la maman fait le ménage dans un hôtel, Raheem est renvoyé de l'école primaire. Heureusement, le football ouvre ses bras à ce môme prometteur qui ne manque pas de tempérament. Tous les clubs londoniens font la cour au prodige, qui envoie balader Arsenal. Direction West Ham, Queens Park Rangers, puis Liverpool. Mais ses démons refont surface : alors qu'il flambe avec les Reds, il refuse une prolongation de contrat à 100 000 livres par semaine pour s'engager avec ManCity. Nouvelle pluie de critiques de la presse.

Arrivé un an plus tard à la tête de l'équipe, Pep Guardiola fait du « Hated One » l'un de ses hommes de base. Mis en confiance par le Catalan, Raheem devient pour de bon un joueur détesté par toutes les défenses de Premier League et des adversaires des Three Lions en sélection. Celui que son coéquipier Kevin De Bruyne prenait pour un « crétin » à son arrivée chez les Sky Blues se rachète une virginité auprès du public et des médias, qui louent désormais son engagement contre le racisme.

LE SAVIEZ-VOUS ?

Raheem Sterling est un amateur de tatouages. L'un d'eux, sur le mollet droit, a provoqué une polémique outre-Manche. Il représente une mitraillette et choque les médias anglais. Un choix jugé « totalement inacceptable » par une association contre le port d'armes. Face à la montée des critiques, l'international anglais a été obligé de s'expliquer. « Quand j'avais deux ans, mon père a été tué avec une arme à feu, je me suis promis que je ne toucherais jamais à une arme de ma vie. Je tire avec mon pied droit, donc ça a un sens plus profond et toujours inachevé. »

SON C.V.

NÉ le 8 décembre 1994 à Kingston (Jamaïque)
TAILLE : 1,70 m / **POSTE :** milieu de terrain

PARCOURS PROFESSIONNEL : Liverpool, Manchester City, Chelsea FC

PALMARÈS : Coupe de la League (2016, 2018, 2019, 2020, 2021) ; Coupe d'Angleterre (2019) ; Community Shield (2019) ; championnat d'Angleterre (2018, 2019, 2021, 2022)

Luis SUÁREZ

URUGUAY

Une place sur le divan. Sans se cacher, Luis Suárez fréquente les cabinets des psys. Tout a commencé à Liverpool, pour se poursuivre à Barcelone. Il faut dire que sur un terrain de foot, à la moindre étincelle, le garçon au caractère de feu a longtemps dégoupillé. Le voilà moins sanguin depuis quelques mois. L'Uruguayen s'est assagi, gagnant en maturité et sachant prendre le recul nécessaire pour ne plus disjoncter.

L'enfant terrible de la Celeste a souvent défrayé la chronique. Y compris lors d'événements aussi considérables que les coupes du monde. Personne n'a oublié son expulsion en 2010 contre le Ghana, et encore moins sa morsure à l'épaule de l'Italien Chiellini en 2014, qui lui valut une longue suspension, sans oublier ses insultes racistes proférées à l'encontre de Patrice Evra lorsqu'il jouait avec les Reds en Premier League. Le travail d'introspection a, semble-t-il, porté ses fruits.

Devenu le pendant idéal de Lionel Messi au sein de l'attaque du Barça, il forme aussi un duo redouté avec Edinson Cavani, sous le maillot culte de l'Uruguay. « El Canejo » (le Lapin, à cause de sa dentition) n'a rien perdu de son sens du but. Mieux, il ne perd plus d'influx par des réactions immatures et se concentre sur ce qu'il fait de mieux : chasser les buts. La psychanalyse régulière aide également l'enfant de Salto qui a vécu une adolescence difficile. Le destin aurait pu le faire basculer dans le banditisme, le trafic en tout genre, voire le crime. Le sport, et le football en particulier, l'ont sorti de l'ornière.

Devenu un homme apaisé, le « Pistolero » n'a pourtant rien perdu de sa *grinta*, mais il s'en sert aujourd'hui à bon escient. Désormais trentenaire, Luis Suárez doit tendre vers plus de régularité. S'il a été l'autre prince du Camp Nou, ses prestations en dehors de la Catalogne ont été beaucoup plus discrètes. Y compris en Ligue des champions. Le dénouement de cette demi-finale surnaturelle à Liverpool perdue par le Barça en mai 2019 (0-4) a cruellement confirmé la tendance. Un dernier travail à effectuer sur lui-même avant de rejoindre en 2020 l'Atlético de Madrid, puis en 2022 le Nacional en Uruguay, le club de ses débuts. La boucle est bouclée.

LE SAVIEZ-VOUS ?

On le sait, Antoine Griezmann est un amoureux de l'Uruguay. Pas seulement du fait qu'il est un gros consommateur de maté. Le Français a même évité toute excentricité en marquant lors du quart de finale contre la Celeste. Pour autant, Luis Suárez a prévenu le champion du monde : « Antoine ne sait pas en réalité ce qu'est le sentiment d'être uruguayen. Il ne sait pas le don de soi que cela représente. Nous, on le ressent, ça ! » Conseil d'ami ?

SON C.V.

NÉ le 24 janvier 1987 à Salto (Uruguay)
TAILLE : 1,82 m / **POSTE :** attaquant

PARCOURS PROFESSIONNEL : Nacional Montevideo, FC Groningen, Ajax Amsterdam, Liverpool FC, FC Barcelone, Atlético de Madrid, Club Nacional de Football

---

PALMARÈS : championnat d'Espagne (2015, 2016, 2018, 2019, 2021) ; Coupe d'Espagne (2015, 2016, 2017, 2018) ; Ligue des champions et Coupe du monde des clubs (2015) ; Coupe de la League (2012) ; championnat des Pays-Bas (2011) ; Coupe des Pays-Bas (2010) ; championnat d'Uruguay (2005, 2006)

Ferrán TORRES

ESPAGNE

De Paris, Lionel Messi a dû s'étrangler en voyant l'argent mis sur Ferrán Torres par le Barça ! Pour 55 millions d'euros, Ferrán devient la recrue espagnole la plus chère de l'histoire du club catalan. Né au football à Valence, éduqué à la sauce anglaise par Pep Guardiola à Manchester, Ferrán Torres débarque à Barcelone avec une jolie pancarte dans le dos de sauveur annoncé. Le Barça est en pleine reconstruction et Xavi arrive sur le banc de touche en pompier de service. Sur sa liste de joueurs à recruter, l'attaquant de City est tout en haut.

Un retour au pays après ses débuts à Valence à seulement 17 ans. Il dispute près d'une centaine de matchs sous les couleurs des Blanquinegros mais le club valencian, en manque de liquidités, le laisse filer à l'anglaise pour 25 millions d'euros à Manchester City. La nouvelle star du football espagnol marque 16 buts pour sa première saison. À l'aile, la vie est plus belle, même si son profil de dribbleur un brin soliste sur un côté est mis à mal par Maître Guardiola. Repositionné en faux neuf par son coach, Torres s'adapte et enchaîne les bonnes performances. Sa polyvalence et son mental se révèlent une sacrée valeur ajoutée. Mais City a des problèmes de riches et pléthores d'attaquants dans son effectif ! Les sirènes du Barça font le reste. Xavi veut Ferrán et l'attaquant espagnol rêve d'écrire l'après-Messi au club blaugrana.

En sélection, la Roja compte sur lui pour retrouver des couleurs. Plus jeune joueur de l'histoire à atteindre la barre des 10 buts sous le maillot espagnol à 21 ans et 192 jours, Torres postule pour le poste de taulier à la pointe de l'attaque espagnole. Mieux que Raúl González (21 ans et 277 jours) ou Fernando Torres (22 ans et 79 jours). Le type de buteur capable de planter un triplé à la Mannschaft (6-0), pour sa septième sélection. Personne n'avait osé faire ça à l'Allemagne depuis Michael Owen en 2001. Toute ressemblance avec l'attaquant de poche des Reds s'arrête cependant là – ou pas. Soulever un Ballon d'or n'est pas donné au premier venu mais Ferrán Torres ne s'interdit rien. Il y a eu l'Espagne de Fernando Torres, il y a de grandes chances qu'il y aura bientôt celle de Ferrán.

LE SAVIEZ-VOUS ?

Comme son compte Instagram en témoigne, Ferrán Torres adore les chiens. Depuis plus de dix ans, il partage son quotidien avec Minnie, Lluna et Milo. Amoureux de la nature et sensible à la cause animale, il s'engage pendant son séjour anglais avec l'association caritative britannique Wild at Heart, une fondation dont la mission est de sauver les chiens abandonnés et maltraités.

SON C.V.

NÉ le 29 février 2000 à Foios
TAILLE : 1,84 m / **POSTE :** attaquant

PARCOURS PROFESSIONNEL : Valence CF, Manchester City, FC Barcelone

PALMARÈS : Championnat d'Angleterre (2021)

Federico VALVERDE

URUGUAY

La légende est tenace. L'image colle à la peau de Santiago Federico Valverde Dipetta. Au début de sa vie, il tient à peine debout qu'il court déjà après un ballon. Inscrit à l'Académie de Danube, club formateur de la capitale uruguayenne, Montevideo, le bambin, même avec une licence en bonne et due forme, est trop petit pour disputer des matchs officiels. Véritable mascotte, il joue quand même et lors d'une partie amicale, l'intrépide marque un but. Le petit Valverde enlève alors sa couche-culotte et salue le public. Son surnom est tout trouvé : « *El niño del pañal* ». « L'Enfant à la couche » n'a même pas 6 ans et déjà une belle réputation. Après avoir longtemps sucé son pouce, Federico Valverde prend du galon.

Forcément, le voir débarquer à Peñarol, le club phare du pays, n'est aucunement une surprise. Malgré son côté introverti, le jeune homme transpire le football moderne. Son ascension devient fulgurante. À l'été 2016, pour seulement 5 millions d'euros, le Real Madrid jette son dévolu sur la petite merveille qui enchante en milieu de terrain. Joueur complet, Federico Valverde est aussi bon pour créer le danger que pour colmater les brèches. Toujours précieux dans les phases de transition, il se sent à l'aise partout sur un terrain. Quant à sa capacité à trouver la verticalité, le jeune Uruguayen n'a guère d'équivalent.

Après ses débuts avec la réserve des Merengue, à La Castilla, Federico Valverde est prêté une saison au Deportivo La Corogne pour s'aguerrir. Dès son retour dans la capitale madrilène, lors de la saison 2018-2019, le « Niño » séduit d'emblée Julen Lopetegui puis Santiago Solaro, qui se succèdent sur le banc du Real. Mais c'est lors de l'exercice suivant que Federico Valverde prend une nouvelle dimension, chapoté par un Zinédine Zidane que le prodige uruguayen vénère. L'entraîneur français coche son nom en premier dans l'entrejeu lorsqu'il prépare son onze de départ. Le gamin a chamboulé la hiérarchie pourtant bien établie au Real. C'est dire le talent de cet enchanteur de fans déchaînés.

LE SAVIEZ-VOUS ?

En janvier 2020, lors de la finale de la Supercoupe d'Espagne disputée en Arabie saoudite, lors du choc Real-Atlético, Federico Valverde vit une drôle de soirée. Après un sauvetage désespéré face à Alvaro Morata, l'Uruguayen est expulsé en qualité de dernier défenseur. Son équipe l'emportera quand même (0-0 après prolongation, 4-1 aux tirs au but)... et il sera désigné « meilleur homme » du match !

SON C.V.

NÉ le 22 juillet 1998 à Montevideo (Uruguay)
TAILLE : 1,82 m / **POSTE :** milieu de terrain

PARCOURS PROFESSIONNEL : CA Peñarol, Real Madrid, Deportivo La Corogne, Real Madrid

PALMARÈS : Ligue des champions (2022) ; Supercoupe d'Espagne (2020, 2022) ; championnat d'Espagne (2020) ; Coupe du monde des clubs (2018) ; championnat d'Uruguay (2016)

Virgil VAN DIJK

PAYS-BAS

Avec seulement quelques titres glanés en Écosse, Virgil van Dijk est venu chez les Reds pour remplir son armoire aux trophées. Premier pari manqué en Premier League en mai 2019, avec l'incroyable échec de Liverpool, au coude à coude avec Manchester City dans la course au titre. Avec 98 points pour les Skyblues contre 97 (record absolu pour un dauphin !) en faveur des Scousers, la pilule est difficile à avaler. Fort heureusement, l'épilogue en Ligue des champions sera nettement plus favorable pour le Néerlandais et ses coéquipiers, vainqueurs de la finale contre Tottenham.

Pourtant, lorsqu'il débarque à Anfield, à l'hiver 2018, van Dijk n'imagine pas qu'il va devenir d'abord un enjeu « politique ». La passe d'armes entre José Mourinho, alors entraîneur de Manchester United, et Jürgen Klopp échauffe les esprits. Le Portugais bougonne : « Nos concurrents achètent des défenseurs au prix des attaquants. » Le technicien allemand réplique illico : « Ce n'est pas nous qui fixons les prix, c'est le marché. » Loin de toutes ces polémiques, Virgil van Dijk se fond rapidement dans le collectif de Liverpool.

Dans son rôle de nettoyeur des surfaces, « Vig » a peu d'équivalent. Lui travaille debout, ne se jette jamais dans les pieds d'un adversaire et anticipe. Évidemment, avec sa stature, son jeu de tête frise la perfection. Excellent relanceur, le Néerlandais n'hésite pas à prendre des risques pour trouver ses attaquants. Seule interrogation des fans des Reds quand il arrive à Liverpool, c'est l'inexpérience du garçon. Sa carrière linéaire ne l'a conduit pour l'heure que dans des clubs de seconde zone. En fait, charismatique, il s'adapte très bien aux soirées européennes et aux chocs contre le « Big Five » anglais. Il faut dire que, depuis ses débuts avec les Pays-Bas en 2014, il a permis aux Oranje de revenir dans le match. C'est d'ailleurs Virgil van Dijk qui, en égalisant in extremis contre l'Allemagne (2-2), permet à la bande de Ronald Koeman de se qualifier pour le tournoi final de la toute nouvelle Ligue des nations, aux dépens de… l'équipe de France ! Et le colosse de Breda n'est pas étranger au renouveau batave.

LE SAVIEZ-VOUS ?

Pour 84 millions d'euros, Virgil van Dijk s'engage avec Liverpool le 27 décembre 2017. Transféré de Southampton, le Néerlandais devient ainsi, à cet instant précis, le défenseur le plus cher de l'histoire du football ! Au classement, il devance deux Français : Aymeric Laporte et Benjamin Mendy, recrutés par Manchester City. Comme quelques-unes des gloires du football batave, tels Frank Rijkaard ou Ruud Gullit, le défenseur de Liverpool est d'origine surinamaise par sa mère.

SON C.V.

NÉ le 8 juillet 1991 à Breda (Pays-Bas)
TAILLE : 1,93 m / **POSTE :** défenseur

PARCOURS PROFESSIONNEL : FC Groningue, Celtic FC, Southampton FC, Liverpool FC

PALMARÈS : Coupe d'Angleterre (2022) ; Coupe de la League (2022) ; championnat d'Angleterre (2020) ; Ligue des champions (2019) ; Coupe du monde des clubs et Supercoupe de l'UEFA (2019) ; championnat d'Écosse (2014, 2015, 2016) ; Scottish League Cup (2015)

Raphaël VARANE

FRANCE

Il semble loin le temps où l'on trouvait Raphaël Varane trop gentil et trop tendre sous le maillot bleu. La « perle venue du Nord » s'est imposée comme un pilier de l'équipe, un taulier du vestiaire, un patron sur le terrain ! Au Real comme en équipe de France, le Lillois de naissance est enfin le défenseur de classe mondiale attendu. Passé pro à 17 ans au Racing Club de Lens, dans le vestiaire du Real Madrid à 18, capitaine de l'équipe de France à 21 et quadruple champion d'Europe avec les Merengue à 25, Varane est un modèle de réussite. Jamais un mot plus haut que l'autre ; ses interventions sur le terrain comme en dehors sont réfléchies. Sur cette planète football un peu surfaite, le Madrilène est un peu le gendre idéal qui fait l'unanimité en toutes circonstances.

En cherchant bien, on pourrait pourtant trouver un petit défaut qui a longtemps collé aux basques de ce surdoué : Varane manquerait d'agressivité dans le jeu, et ce duel de la tête perdu face à l'Allemand Hummels qui élimine les Bleus au Maracana en serait la parfaite illustration. La France prend la porte en quart de finale du Mondial brésilien en 2014 et laisse la Nationalmannschaft filer vers le titre. Cette action l'a souvent hanté, et ses détracteurs ne se sont pas gênés pour le lui rappeler. Mais, quatre ans plus tard, Raphaël Varane a eu l'occasion de prendre sa revanche. C'est lui cette fois qui a sauté plus haut que tout le peuple uruguayen pour catapulter sa tête rageuse au fond des filets. Les Bleus, en blanc ce jour-là face à la bande à Suárez, sont alors en route vers leur deuxième étoile et savent tous ce qu'ils doivent à Varane. Il est devenu un leader naturel et un mur infranchissable en toutes circonstances. Un défenseur jamais méchant et toujours aussi technique, mais enfin intraitable sur l'homme. Les attaquants de la Coupe du monde en Russie l'ont appris à leurs dépens. « Monsieur Propre », l'un de ses surnoms, n'a pas rayonné de toute sa splendeur sur la saison dernière, et son nom a alimenté les rumeurs de transfert.

Un Real en fin de cycle l'a incité à penser au départ. Maintenant que Zinédine Zidane a quitté son poste d'entraîneur, Varane prend finalement la direction de l'Angleterre et de Manchester United pour de nouveaux défis.

LE SAVIEZ-VOUS ?

Raphaël Varane a préféré réviser son baccalauréat plutôt que de répondre tout de suite à Zinédine Zidane, alors conseiller de Florentino Pérez, qui lui avait proposé de signer au Real. Ça ne l'empêchera pas de signer au Real une fois son diplôme en poche et d'empiler les trophées avec les Merengue...

SON C.V.

NÉ le 25 avril 1993 à Lille (France)
TAILLE : 1,91 m / **POSTE :** défenseur

PARCOURS PROFESSIONNEL : Lens, Real Madrid, Manchester United

PALMARÈS : Ligue des nations (2021) ; Supercoupe d'Espagne (2017, 2020) ; championnat d'Espagne (2020) ; Coupe du monde (2018) ; Mondial des clubs (2014, 2016, 2017, 2018) ; Ligue des champions (2014, 2016, 2017, 2018) ; Supercoupe d'Europe (2016, 2017) ; Liga (2012, 2017) ; Coupe du Roi (2014)

Jamie VARDY

ANGLETERRE

Une rage qui décuple ses forces et lui permet de battre des records. Lors de la saison 2015-2016, Jamie Vardy réussit la performance extrême de marquer durant onze matches consécutifs de Premier League. « The Cannon » bat ainsi la série de Ruud van Nistelrooy sous le maillot de Manchester United. Sa faim insatiable rejaillit sur tout le groupe de Leicester City. Au terme de cet exercice inédit outre-Manche, les Foxes, conduits par Claudio Ranieri, remportent, à la surprise générale, te titre de champions d'Angleterre. Buteur régulier, mais aussi passeur décisif, la « petite teigne » du Yorkshire du Sud imprime son style et prend une part prépondérante dans la trajectoire de son équipe.

Pourtant, le parcours de l'attaquant anglais n'a rien eu d'une sinécure. Sa première claque, il la reçoit dès l'âge de 15 ans quand, à la sortie de sa formation dans son club de cœur, Sheffield Wednesday, il n'est pas conservé. Alors qu'il a retrouvé le plaisir de rejouer à Stockbridge Park Steels, ses frasques le rattrapent. À l'issue d'une bagarre dans un pub, il est placé sous contrôle judiciaire et doit porter un bracelet électronique. À 23 ans, il retrouve le plaisir de jouer à Halifax, au niveau de la 6e division anglaise, et doit travailler à l'usine pour subvenir à ses besoins.

Le déclic se produit à Fleetwood Town, près de Blackpool, lorsque ce renard des surfaces tourne au rythme d'un but par match en Conférence. La saison suivante, il change de dimension et rejoint le monde professionnel, certes en Championship, et devient un leader avant l'heure à Leicester. Deux ans plus tard, c'est la montée en Premier League avec les Foxes et le début de la revanche pour le boy de Sheffield. Pendant idéal de Riyad Mahrez sur le front de l'attaque, Jamie Vardy devient la terreur des défenses adverses (24 buts au total).

Devenu international, le Fox est enfin récompensé et participe à l'Euro 2016 en France. Il est décisif contre le Pays de Galles à Lens (2-1). Deux ans plus tard, il est du voyage en Russie pour la Coupe du monde, mais ne participe qu'à des bouts de match et prend sa retraite internationale.

LE SAVIEZ-VOUS ?

Passé professionnel à 25 ans, lors de son transfert en 2012 de Fleetwood Town à Leicester City, Jamie Vardy devient alors le plus cher joueur amateur en Angleterre. Les Foxes l'acquièrent pour 1,3 million d'euros à l'époque. Question salaires, l'attaquant pitbull passe de 38 euros d'indemnités par match à 103 000 euros gagnés chaque semaine. Voilà qui change la vie de ce véritable rescapé du ballon rond.

SON C.V.

NÉ le 11 janvier 1987 à Sheffield

TAILLE : 1,79 m / **POSTE :** attaquant

PARCOURS PROFESSIONNEL : Leicester City

PALMARÈS : championnat d'Angleterre (2016), Coupe d'Angleterre (2021)

Marco VERRATTI

ITALIE

Dans ces moments-là, il ne peut vraiment pas renier ses origines. Italien jusqu'au bout des crampons. Lorsque Marco Verratti s'approche d'un arbitre en plein match, c'est rarement pour évoquer le film de la veille. En joignant le geste à la parole, le *bambino* de Pescara y va de son couplet « Mais-monsieur-l'arbitre-je-n'en-crois-pas-mes-yeux... » C'est le côté obscur du personnage, collectionneur de cartons jaunes, malgré son éternelle allure d'adolescent ingénu. Mais il serait réducteur de résumer l'impact du joyau des Abruzzes à ce simple détail fâcheux. Côté tactique, c'est surtout un cadeau du ciel pour un entraîneur. Dans le cœur du jeu, Verratti, c'est bien sûr un formidable récupérateur, mais son talent ne se limite pas à cet aspect. Précieux dans l'orientation du ballon, il est aussi un excellent passeur en première intention. Sa précision dans le geste est une aubaine pour ses attaquants. Les observateurs rappellent constamment que, avec ou sans le Transalpin, le PSG n'est pas le même. Sacrée influence.

Lorsqu'il débarque au pied de la tour Eiffel en 2012, c'est avec les aguerris Zlatan Ibrahimović, Ezequiel Lavezzi ou Thiago Silva. C'est dire, même si le garçon est encore inconnu, combien il apparaît déjà comme une pièce indispensable dans le puzzle mis en place par ce PSG version QSI. De nouveau champion de France en 2020, pour la septiène fois, le Transalpin a par contre flanché, à l'image de l'équipe, lors du rendez-vous crucial de Ligue des champions, contre Manchester United. Une anomalie pour ce pur talent qui n'a pas encore atteint toute sa plénitude.

Et dire que le petit Marco a failli ne jamais passer pro. La faute à une blessure du genou juste avant sa majorité, qui le priva de terrain durant toute une saison à Pescara. De retour dans l'effectif des Biancazzurri, il participe activement à la montée de son club de cœur. Marco Verratti ne renie pas ses origines. Ce qui ne l'empêche pas d'être tombé amoureux de Paris, où son fils Tommaso est né, et de maîtriser désormais le français. Et puis, lorsque ça se tend en cours de match, au Parc des Princes ou ailleurs, c'est idéal pour communiquer avec les spécialistes du sifflet. Même si quelques « Mamma mia ! » bien ciselés doivent fuser.

LE SAVIEZ-VOUS ?

« Dauphin » dans son ancien club de Pescara jusqu'à l'âge de 19 ans, Marco Verratti n'a jamais nagé au sein de l'élite italienne. Lorsqu'il quitte son pays pour signer au PSG, en 2012, son club vient de remonter en Serie A. Lui n'a donc jamais joué au niveau supérieur du championnat d'Italie, fait rarissime pour un international transalpin ! Et, depuis près d'une décennie, des clubs comme la Juventus, Milan ou Naples rêvent de récupérer le petit « Hibou ».

SON C.V.

NÉ le 5 novembre 1992 à Pescara (Italie)
TAILLE : 1,65 m / **POSTE :** milieu de terrain

PARCOURS PROFESSIONNEL : Delfino Pescara, Paris SG

PALMARÈS : Euro (2020) ; championnat de France (2013, 2014, 2015, 2016, 2018, 2019, 2020, 2022) ; Coupe de France (2015, 2016, 2017, 2018, 2020, 2021) ; Coupe de la Ligue (2013, 2014, 2015, 2016, 2017, 2018, 2020)

Dušan VLAHOVIĆ

SERBIE

La Vieille Dame n'a pas hésité a cassé sa tirelire pour se l'offrir ! Près de 80 millions d'euros en plein hiver 2021, un record pour le marché hivernal. Il est vrai que les chiffres du buteur ont de quoi faire tourner la tête de la Juventus de Turin : 49 buts et 8 passes décisives en 108 matchs à la Fiorentina, ça vous classe un attaquant de Série A. Voilà donc désormais le Serbe installé à la pointe des Bianconeri, avec le fameux numéro 7 dans le dos et dans le manoir un temps habité par Cristiano Ronaldo.

Né un 28 janvier, Vlahović s'est offert à deux reprises un anniversaire en forme de transfert qui a changé sa vie. Le jour de ses 22 ans, l'imposant attaquant serbe signe à la Juventus comme il l'avait fait quatre ans plus tôt, en quittant, ce même jour, le Partizan de Belgrade devenu trop petit pour lui. Direction la Toscane et la Fiorentina. Avant d'adopter l'Italie comme nouveau mode de vie, l'avant-centre empile les buts à l'école dès ses 10 ans dans sa Serbie natale. Les deux grands clubs du pays ne tardent pas à se renseigner sur le phénomène et chacun tente de l'attirer. L'Étoile rouge de Belgrade se fait pressante mais le petit Dušan opte finalement pour le rival : le Partizan de Belgrade. À seulement 16 ans et 22 jours, il fait ses débuts en championnat serbe. Deux mois plus tard, il devient le plus jeune à marquer un but dans toute l'histoire du club. Le temps de s'imposer dans son pays et la « Fio » toque à la porte ! La Viola verse un peu moins de deux millions d'euros et récupère le déménageur des surfaces.

Si la Fiorentina veut devenir un géant italien à l'image du physique de Vlahović, les trophées tardent toutefois à remplir l'armoire du club. Surnommé le « Batistuta du XXIe siècle » par les tifosis en hommage au *goleador* argentin, meilleur buteur de tous les temps de la Fiorentina, Dusan devient une valeur sûre. Les sirènes des grands clubs européens se font de plus en plus pressantes et la Fiorentina se casse les dents sur la prolongation de contrat de sa pépite. Une histoire de gros sous entre un joueur prêt à partir libre et un club soucieux de récupérer le jackpot en cas de transfert. Rocco Commisso, le président florentin, crie au scandale dans la presse. Finalement, Vlahovic ne partira pas gratuitement. La Fiorentina qui pleurait à la ruine peut toucher le jackpot...

LE SAVIEZ-VOUS ?

Dušan Vlahović n'a pas connu la guerre en Bosnie, mais il y est né à la fin du conflit. Comme beaucoup de familles de l'ex-Yougoslavie, la sienne a pleuré la disparition d'un membre proche durant ces années sombres. Son frère aîné est mort durant le conflit armé. En hommage, Dušan s'est fait tatouer son nom sur la main droite.

SON C.V.

NÉ le 28 janvier 2000 à Belgrade
TAILLE : 1,90 m / **POSTE :** attaquant

PARCOURS PROFESSIONNEL : Partizan Belgrade, Fiorentina, Juventus

PALMARÈS : -

Timo WERNER

ALLEMAGNE

Le saut dans l'inconnu pour un inconnu. Lorsqu'il rejoint le RB Leipzig, à l'été 2016, Timo Werner est aussi réputé que son nouveau club, sorte d'ovni tout juste promu. On craint un aller-retour express en Bundesliga 2 pour cette équipe née tout juste sept ans plus tôt. En fait, avec des moyens au-dessus du lot, la formation saxonne va devenir, au fil des saisons, l'un des dauphins habituels du Bayern Munich. Si la croissance est soudaine, elle convient parfaitement à un Timo Werner pressé. D'abord, le jeune homme est le fils d'un ancien attaquant des Stuttgarter Kickers, Günther Schuh, et a toujours été bercé dans le milieu du ballon rond. Ensuite, le paternel ne supporte pas de voir le fiston vissé devant un écran de télé. « Parfois, je courais dans les montagnes avec mon père, se remémore l'ancien adolescent. Quand j'étais plus jeune, j'ai appris que, si je voulais devenir un professionnel, je devais faire plus. »

Durant ses années de formation au VfB Stuttgart, Timo Werner impressionne par sa pointe de vitesse. Ses potes le surnomment même « Turbo Timo ». L'athlétisme a certes perdu un représentant de valeur, mais le football a gagné un élément rare. Avec les Souabes, il débute au sein de l'élite allemande en août 2013, pour devenir, le mois suivant contre Fribourg, le plus jeune joueur (17 ans et demi) à réaliser un doublé. Régulier et percutant, Timo Werner sort de l'ombre et se fait rapidement une réputation de chasseur de buts.

Après les départs de Lukas Podolski et de Miroslav Klose, la sélection allemande se cherche un digne successeur en pointe. Logiquement, Joachim Löw fait appel à « Turbo Timo » en mars 2017, contre l'Angleterre (1-0). Trois mois plus tard, en Coupe des confédérations, Werner s'offre un doublé contre le Cameroun (3-1). Seul coup d'arrêt : le parcours raboté de la Nationalmannschaft lors de la Coupe du monde 2018. Titularisé, Timo Werner n'a jamais trouvé les clés du succès. Après avoir digéré cet échec, l'attaquant s'est remis au boulot. Et comme le travail finit toujours par payer, Timo Werner s'est envolé pour la Premier League et Chelsea, un transfert à 55 millions d'euros.

LE SAVIEZ-VOUS ?

En septembre 2017, lors d'un match de Ligue des champions à Istanbul, contre Besiktas, victime d'étourdissements dus au bruit produit par le public turc, Timo Werner a demandé à son entraîneur, Ralph Hasenhüttl, de sortir. Pris de vertiges et de problèmes respiratoires, l'attaquant allemand a d'abord mis des bouchons dans ses oreilles, mais sans résultat probant. Et, avant même la mi-temps, le buteur de Leipzig a quitté la pelouse.

SON C.V.

NÉ le 6 mars 1996 à Stuttgart (Allemagne)
TAILLE : 1,80 m / **POSTE :** attaquant

PARCOURS PROFESSIONNEL : VfB Stuttgart, RB Leipzig, Chelsea FC

PALMARÈS : Ligue des champions (2021) ; Mondial des clubs (2021) ; Supercoupe d'Europe (2021) ; Coupe des confédérations (2017)

Georginio WIJNALDUM

PAYS-BAS

Le couteau suisse est en fait une fine lame néerlandaise. Joueur polyvalent, spécialiste du box to box (d'une surface à l'autre), « Gini » Wijnaldum est un excellent chien de garde dans l'entrejeu. Toujours à mordre les mollets de ses adversaires. Mais cet ancien attaquant formé au Sparta Rotterdam n'a pas perdu pour autant son sens du but. Le Batave d'origine surinamaise l'a prouvé lors de cette nuit magique d'Anfield.

Le 7 mai 2019, lors de la demi-finale retour de Ligue des champions contre le FC Barcelone, « Wijnaldinho » va devenir, avec l'attaquant belge Divock Origi (tous deux auteurs d'un doublé), le héros de la soirée chez les Reds. Le numéro 5 entre dans la légende de Liverpool... alors que Jürgen Klopp, son entraîneur, laisse son « homme aux trois poumons » sur le banc au coup d'envoi du match. Il faut la blessure de l'Écossais Andrew Robertson pour qu'il foule enfin la pelouse. Avide de revanche, dès la reprise, Georginio Wijnaldum fait preuve de caractère et passe ses nerfs sur une défense catalane à la dérive.

Sacré sursaut pour celui qui, même pas âgé de 17 ans, débute en Eredivisie (la Ligue 1 des Pays-Bas) sous le maillot du Feyenoord. Le gamin vit encore chez sa grand-mère. Durant son enfance, le ballon rond ne l'intéresse pas vraiment. Lui se voit plutôt en acrobate ou en gymnaste ! Sa souplesse sera un atout dès qu'il apparaîtra sur les premiers terrains d'entraînement. Les supporters se prennent de passion pour ce garçon plein de rage, paraissant constitué de caoutchouc et à la crinière réputée.

En 2011, il quitte le grand port néerlandais pour le PSV Eindhoven et connaît sa première cape sous le maillot *oranje*. Puis, à 24 ans, « Gini » franchit le pas et rejoint la Premier League anglaise. En octobre 2015, avec Newcastle, il se permet le luxe d'inscrire un quadruplé contre Norwich City. L'histoire se termine douloureusement, lors de la relégation des Magpies au terme de la saison 2015-2016. Dès son arrivée à Liverpool, Wijnaldum est repositionné milieu relayeur par un Jürgen Klopp plein de flair. En 2021, l'ex-capitaine des Oranje rejoint le Paris Saint-Germain, plus souvent pour le pire que pour le meilleur...

LE SAVIEZ-VOUS ?

Son demi-frère Rajiv van La Parra, ailier droit de formation, a évolué en Ligue 1. Après avoir grandi comme son aîné au Feyenoord, le Néerlandais est recruté en 2008 par le stade Malherbe de Caen. Avec seulement une vingtaine de matches en trois saisons sous la tunique normande, La Parra s'en retourne au pays, du côté du SC Heerenveen. Wijnaldum a aussi un autre frère, Giliano Wijnaldum, qui évolue au poste de latéral gauche à Willem II Tilburg.

SON C.V.

NÉ le 11 novembre 1990 à Rotterdam (Pays-Bas)
TAILLE : 1,75 m / **POSTE :** milieu de terrain

PARCOURS PROFESSIONNEL : SC Feyenoord, PSV Eindhoven, Newcastle United, Liverpool FC, Paris SG

PALMARÈS : championnat de France (2022) ; championnat d'Angleterre (2020) ; Ligue des champions (2019) ; championnat des Pays-Bas (2015) ; Coupe des Pays-Bas (2008, 2012)

Duván ZAPATA

COLOMBIE

Le fiston ne prend pas de gants. Avec une belle assurance, il ne suit pas les recommandations de son père qui rêve d'en faire un gardien de but. Duván Esteban lorgne vers l'autre bout du terrain et passe son temps à jouer au foot dans les rues étroites du quartier Cordoba. D'une agilité déconcertante, le jeune Zapata est à la fois facétieux et énergique.

Après avoir intégré l'école de l'América, le club le plus huppé de Cali, dès l'âge de six ans, Duván Zapata gravit tous les échelons. Aux portes de l'équipe première dix ans plus tard, il débute chez les pros avec les « Diables Rouges » colombiens. Après le Mondial des Moins de 20 ans disputé en 2011 chez lui (les Cafeteros finissent en quarts), Duván file en Argentine, recruté par le club d'Estudiantes. En trois saisons du côté de La Plata, « El Toro » (un surnom lié à sa robustesse) se transforme en buteur régulier et opportuniste. Un tel potentiel tape rapidement dans l'œil des recruteurs européens. West Ham semble en pole pour accueillir le phénoménal Colombien, mais le club londonien ne parvient pas à lui obtenir de permis de travail. Finalement, en août 2013, Naples accueille le jeune Zapata qui a reçu les bons conseils de son cousin Cristian, alors défenseur à l'AC Milan, persuadé que Duván a tous les atouts pour réussir en Serie A italienne.

Alors entraîneur du Napoli, Rafael Benitez vante les qualités de son nouvel attaquant. Dès ses débuts en Ligue des champions, le « Caleño » s'illustre en marquant contre l'Olympique de Marseille. Tout semble idéal mais, après une première saison réussie au pied du Vésuve, Duván Zapata déchante. Le technicien espagnol lui laisse cirer le banc. L'attaquant sud-américain accepte de devenir un nomade de luxe dans la Botte. Il est prêté coup sur coup à l'Udinese, à la Sampdoria puis à l'Atalanta. C'est la révélation du côté de Bergame. Dans ce club à taille humaine, Duván trouve son équilibre. D'un point de vue sportif, il participe à la découverte de la formation lombarde en Ligue des champions. Le Colombien apporte son expérience et, vite rejoint par son compatriote Luis Muriel, il hisse les Orobici vers les sommets du football européen. Viva Zapata !

LE SAVIEZ-VOUS ?

Belle empoignade lors de Milan-Atalanta en janvier 2021. La joute verbale entre Ibrahimović et Zapata fait le tour des réseaux sociaux. Excédé par une simulation du Suédois, le Colombien lui lance : « Tu ne peux pas terminer un match sans penalty. » « Ibra » lui répond : « J'ai marqué plus de buts que le nombre de matches que tu as joués dans ta carrière ! » Résultat : l'Atalanta a tout de même infligé ce jour-là un mémorable 3-0 (avec un but signé par le Colombien !) aux partenaires de Zlatan.

SON C.V.

NÉ le 1er avril 1991 à Cali
TAILLE : 1,89 m / **POSTE :** attaquant

PARCOURS PROFESSIONNEL : América Cali, Estudiantes de La Plata, SSC Naples, Udinese Calcio, UC Sampdoria, Atalanta BC

PALMARÈS : Coupe d'Italie (2014) ; Tournoi de clôture du championnat de Colombie (2008)

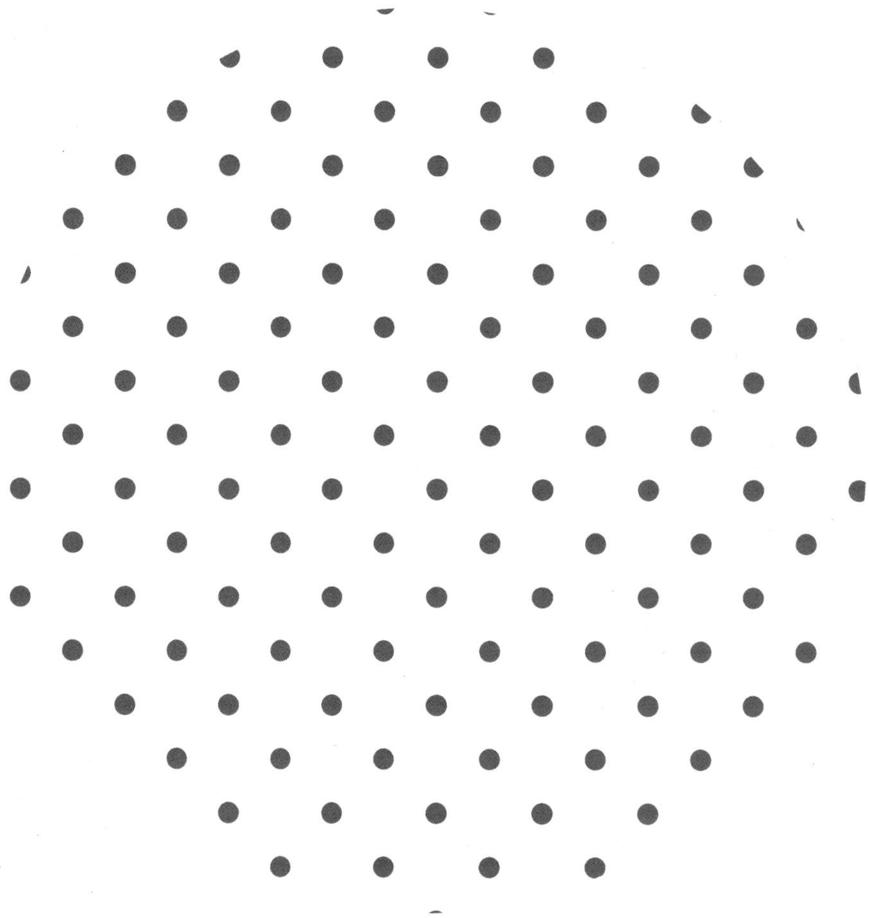

CRÉDITS PHOTOGRAPHIQUES

p. 11 : Icon Sport ; **p. 14-15 :** Thomas Bachun / Gepa / Icon Sport ; Sebastian El-Saqqa / Firo / Icon Sport ; **p. 16-17 :** PA Images Icon Sport ; Pressinphoto Icon Sport ; **p. 18-19 :** Spi / Icon Sport ; PA Images / Icon Sport ; **p. 20-21 :** Martyn Haworth / Focus Images / Expa / Presse Sports ; Simon Stacpoole / Offside / Presse Sports ; **p. 22-23 :** Daniel Hambury / Focus / Expa / Presse Sports ; Sergio Ruiz / Pressinphoto / Icon Sport ; **p. 24-25 :** Maurice van Steen / VI Images / Presse Sports ; Petter Arvidson / Bildbyran / Icon Sport ; **p. 26-27 :** Maurice van Steen / VI Images / Presse Sports ; Enrique de la Fuente / Shot For Press / Icon Sport ; **p. 28-29 :** La Presse / Icon Sport ; Bildbyran / Icon Sport ; **p. 30-31 :** Icon Sport ; SUSA / Icon Sport ; **p. 32-33 :** La Presse Icon Sport / SUSA Icon Sport ; **p. 34-35 :** Pierre Lahalle / Presse Sports ; Bernd Feil / Mis / Icon Sport ; **p. 36-37 :** Vincent Van Doornick / Isosport / Presse Sports ; Maksim Bogodvid / Sputnik / Icon Sport ; **p. 38-39 :** PA Images / Icon Sport ; LaPresse / Icon Sport ; **p. 40-41 :** Gerrit van Keulen / VI Images / Presse Sports ; Martin Rickett / PA Images / Icon Sport ; **p. 42-43 :** Maurice van Steen / VI Images / Presse Sports ; **p. 44-45 :** Maurice van Steen / VI Images / Presse Sports ; **p. 46-47 :** ANP / Icon Sport ; SipaUsa / Icon Sport ; **p. 48-49 :** Maurice van Steen / VI Images / Presse Sports ; ANP / Maurice van Steen / Icon sport ; **p. 50-51 :** Gerrit van Keulen / VI Images / Presse Sports ; Reau Alexis / Presse Sports ; **p. 52-53 :** PA Images Icon Sport / Spi Icon Sport ; **p. 54-55 :** Sergio Ruiz / Pressinphoto / Icon Sport ; Baptiste Fernandez/Icon Sport ; **p. 56-57 :** LaPresse / Icon Sport ; Marc Aspland/The Times/News Licensing/ABACAPRESS.COM / Icon Sport; **p. 58-59 :** Massimo Rana / IPP / Presse Sports ; Gerrit van Keulen / VI Images /Presse Sports ; **p. 60-61 :** Icon Sport ; Actionplus / Icon Sport ; **p. 62-63 :** SUSA / Icon Sport ; Marca / Icon Sport ; **p. 64-65 :** Spi / Icon Sport ; **p. 66-67 :** Tom Bode Multimedia / VI Images / PresseSports ; Simon Stacpoole / Offside / Presse Sports ; **p. 68-69 :** PA Images Icon Sport ; **p. 70-71 :** Francesco Scaccianoce/LiveMedia/Sipa USA / Icon sport / Philippe Lecoeur/FEP/Icon Sport ; **p. 72-73 :** Spi / Icon Sport ; Mis / Icon Sport ; **p. 74-75 :** ActionPlus / Icon Sport ; PA Images / Icon Sport ; **p. 76-77 :** Pierre Lahalle / Presse Sports ; Michel Vincent / Presse Sports ; **p. 78-79 :** PA Images Icon Sport / Orange Creek Icon Sport ; **p. 80-81 :** PA Images / Icon Sport ; PictureAlliance / Icon Sport ; **p. 82-83 :** PA Images Icon Sport / Icon Sport ; **p. 84-85 :** PA Images / Icon Sport ; **p. 86-87 :** Vincent van Doornick / ISO Sport / Presse Sports ; Gerrit van Keulen / VI Images / Presse Sports ; **p. 88-89 :** PA Images / Icon Sport ; **p. 90-91 :** Marcel /Firo / Icon Sport ; Pierre Lahalle / Presse Sports ; **p. 92-93 :** Nicolò Campo/USA/ Icon sport ; Hugo Pfeiffer/Icon Sport ; **p. 94-95 :** SUSA Icon Sport ; SPI Icon Sport ; **p. 96-97 :** Spi / Icon Sport ; LaPresse / Icon Sport ; **p. 98-99 :** Paolo Bona / IPP / Presse Sports ; Alain Mounic / Presse Sports ; **p. 100-101 :** Maurice van Steen / VI Images / Presse Sports ; Actionplus / Icon Sport ; **p. 102-103 :** PA Images Icon Sport ; **p. 104-105 :** Tom Bode / Orange Creek / Icon Sport ; Susa / Icon Sport ; **p. 106-107 :** Joaquin Corchero Arcos / Cordon / Presse Sports ; Mounic Alain / Presse Sports ; **p. 108-109 :** Adam Davy / PA Images / Icon Sport ; Thorsten Wagner / Witters / Presse Sports ; **p. 110-111 :** PictureAlliance Icon Sport ; **p. 112-113 :** Gerrit van Keulen / VI Images / Presse Sports ; Jerome Prevost / Presse Sports ; **p. 114-115 :** Maurice van Steen / VI Images / Presse Sports ; Cesare Abate / Ansa / Icon Sport ; **p. 116-117 :** Hugo Pfeiffer/Icon Sport ; LaPresse / Icon Sport ; **p. 118-119 :** Ronald Bonestrool / VI Images / Presse Sports ; Jose Luis Cuesta / Cordon / Presse Sports ; **p. 120-121 :** Spi Icon Sport / LaPresse Icon Sport ; **p. 122-123 :** Spi / Icon Sport ; PA Images / Icon Sport ; **p. 124-125 :** Icon Sport ; **p. 126-127 :** Tomasz Jastrzebowski / Foto Olimpik / Presse Sports ; Tom Weller / Eibner / Expa / Presse Sports ; **p. 128-129 :** PA Images Icon Sport / Spi Icon Sport ; **p. 130-131 :** Joaquin Corchero Arcos / Cordon / Presse Sports ; Mark Leech / Offside / Presse Sports ; **p. 132-133 :** Newspix / Icon Sport ; LaPresse / Icon Sport ; **p. 134-135 :** PA Images / Icon Sport ; Spi / Icon Sport ; **p. 136-137 :** Ipp / Icon Sport ; Anthony Dibon/Icon Sport ; **p. 138-139 :** Maurice van Steen / VI Images / Presse Sports ; Simon Stacpoole / Offside / Presse Sports ; **p. 140-141 :** Thiago Ribeiro / AGIF / Presse Sports ; Michel Vincent / Presse Sports ; **p. 142-143 :** Simon Stacpoole /Offside / Presse

Sports ; Sergio Ruiz / Pressinphoto / Icon Sport ; **p. 144-145 :** LaPresse / Icon Sport ; Spi / Icon Sport ; **p. 146-147 :** Dave Winter / Icon Sport ; Manuel Blondeau / Icon Sport ; **p. 148-149 :** MB Media / Icon Sport ; Ruben Albarran / Pressinphoto / Icon Sport ; **p. 150-151 :** Icon Sport ; **p. 152-153 :** Belga Icon Sport ; **p. 154-155 :** Maurice van Steen / VI Images / Presse Sports ; Alexandre Dimou/FEP/Icon Sport ; **p. 156-157 :** PA Images Icon Sport ; **p. 158-159 :** Tom Weller / Eibner / Expa / Presse Sports ; Thorsten Wagner / Witters / Presse Sports ; **p. 160-161 :** Gerrit van Keulen / VI Images / Presse Sports ; Anthony Dibon / Icon Sport ; **p. 162-163 :** Hugo Pfeiffer/Icon Sport ; **p. 164-165 :** Pressinphoto / Icon Sport ; Baptiste Fernandez/Icon Sport ; **p. 166-167 :** PA Images Icon Sport ; De Fodi Images Icon Sport ; **p. 168-169 :** Anthony Dibon / Icon Sport ; Simon Stacpoole / Offside / Presse Sports ; **p. 170-171 :** Maurice van Steen / VI Images / Presse Sports ; Angel Rivero / Marca / Icon Sport ; **p. 172-173 :** Simon Stacpoole / Offside / Presse Sports ; Martin Rickett / PA Images / Icon Sport ; **p. 174-175 :** Paul Chesterton / Expa / Presse Sports ; Abaca / Icon Sport ; **p. 176-177 :** Maurice van Steen / VI Images / Presse Sports ; Ian Hodgson / PA Images / Icon Sport ; **p. 178-179 :** Firo / Icon Sport ; PictureAlliance / Icon Sport ; **p. 180-181 :** PictureAlliance / Icon Sport ; Matt Wilkinson / Expa / Presse Sports ; **p. 182-183 :** Maurice van Steen / VI Images /Presse Sports ; Charlotte Wilson / Offside / Presse Sports ; **p. 184-185 :** ANP / Icon Sport ; Icon Sport ; **p. 186-187 :** Spi / Icon Sport ; PA Images / Icon Sport ; **p. 188-189 :** Pedro Salado / Actionplus / Icon Sport ; Potts / PA Images / Icon Sport ; **p. 190-191 :** Pressinphoto / Icon Sport ; Antonio Pozo / Pressinphoto / Icon Sport ; **p. 192-193 :** Orange Creek / Icon Sport ; Icon Sport ; **p. 194-195 :** Maurice van Steen / VI Images / Presse Sports ; Tom Bode Multimedia / VI Images / Presse Sports ; **p. 196-197 :** Dave Winter / Icon Sport ; J. M. Fernandez / Marca / Icon Sport ; **p. 198-199 :** PA Images Icon Sport ; **p. 200-201 :** Gerrit van Keulen / VI Images / Presse Sports ; Pierre Lahalle / Presse Sports ; **p. 202-203 :** Gianluca Ricci/LiveMedia/SUSA/Icon sport ; LaPresse / Icon Sport ; **p. 204-205 :** Picture Alliance / Icon Sport ; Spi / Icon Sport ; **p. 206-207 :** Maurice van Steen / VI Images / Presse Sports ; ANP MAURICE VAN STEEN / Icon Sport ; **p. 208-209 :** Ipp Icon Sport / SUSA Icon Sport ; **p. 214-215 :** Tartila/Shutterstock.com

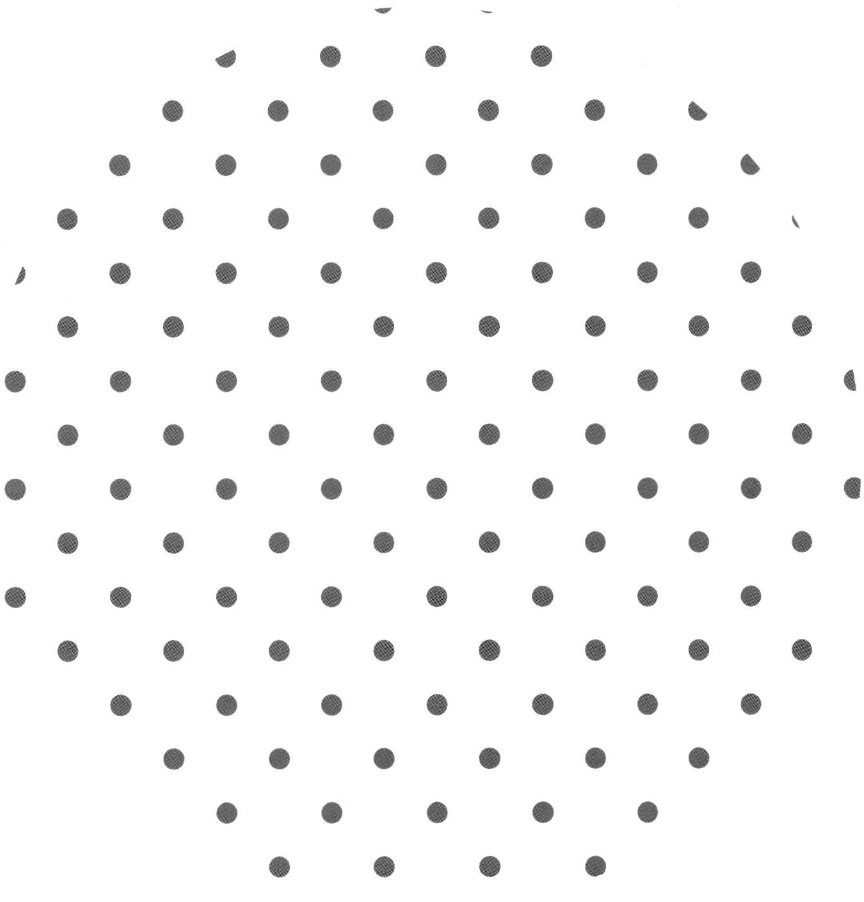

Direction de la publication : Carine Girac-Marinier
Édition : Véronique Tahon
Couverture et conception graphique : Damien Payet
Mise en page : Caroline Rimbault
Fabrication : Rebecca Dubois
Photogravure : Chromostyle

ISBN : 978-2-03-595826-6

Imprimé en Espagne par Macrolibros
Dépôt légal : septembre 2022
331435-01/11050520/août 2022